HOSHIORI 星栞

2023年の星占い
双子座

石井ゆかり

双子座のあなたへ
2023年のテーマ・モチーフ
解説

....
モチーフ：アメリカンチェリーパイ
....

　2022年8月からの熱い「勝負」の時間が2023年3月まで続きます。燃える情熱の「赤」のイメージで、アメリカンチェリーパイを選んでみました。ここでの「勝負」には、未来への道を切り開くという目的が刻み込まれています。今、目の前のことに勝利したいというだけでなく、「この先長い時間を、より自由に生きていく」ための条件を勝ち取りたいという思いが、2023年年明けのあなたを駆り立てているはずなのです。2023年前半は特に、いわゆる「アメリカン・ドリーム」にも似た夢の実現を目指せる時間です。

CONTENTS

はじめに

　こんにちは、石井ゆかりです。

　2023年は星占い的に「大物が動く年」です。「大物」とは、動きがゆっくりで一つの星座に長期的に滞在する星のことです。もとい、私が「大物」と呼んでいるだけで、一般的ではないのかもしれません。2023年に動く「大物」は、土星と冥王星です。土星は2020年頃から水瓶座に位置していましたが、2023年3月に魚座に移動します。冥王星は2008年から山羊座に滞在していましたが、同じく2023年3月、水瓶座に足を踏み入れるのです。このように、長期間一つの星座に滞在する星々は、「時代」を描き出します。2020年は世界が「コロナ禍」に陥った劇的な年でしたし、2008年はリーマン・ショックで世界が震撼した年でした。どちらも「それ以前・それ以後」を分けるような重要な出来事が起こった「節目」として記憶されています。

　こう書くと、2023年も何かびっくりするような出来事が起こるのでは？と思いたくなります。ただ、既にウクライナの戦争の他、世界各地での民主主義の危機、

世界的な環境変動など、「時代」が変わりつつあること
を意識せざるを得ない事態が起こりつつあります。私
たちは様々な「火種」が爆発寸前の世界で生きている、
と感じざるを得ません。これから起こることは、「誰も
予期しない、びっくりするようなこと」ではなく、既
に私たちのまわりに起こっていることの延長線上で「予
期できること」なのではないでしょうか。

　2023年、幸福の星・木星は牡羊座から牡牛座を運行
します。牡羊座は「はじまり」の星座で、この星座を
支配する火星が2022年の後半からコミュニケーション
の星座・双子座にあります。時代の境目に足を踏み入
れる私たちにとって、この配置は希望の光のように感
じられます。私たちの意志で新しい道を選択すること、
自由のために暴力ではなく議論によって闘うこと、な
どを示唆しているように読めるからです。時代は「受
け止める」だけのものではありません。私たちの意志
や自己主張、対話、選択によって、「作る」べきもので
もあるのだと思います。

《注釈》

◆ 12星座占いの星座の区分け（「3/21〜4/20」など）は、生まれた年によって、境目が異なります。正確な境目が知りたい方は、P.124〜125の「太陽星座早見表」をご覧下さい。または、下記の各モバイルコンテンツで計算することができます。
インターネットで無料で調べることのできるサイトもたくさんありますので、「太陽星座」などのキーワードで検索してみて下さい。

モバイルサイト【石井ゆかりの星読み】（一部有料）
https://star.cocoloni.jp/（スマートフォンのみ）

◆ 本文中に出てくる、星座の分類は下記の通りです。

火の星座：牡羊座・獅子座・射手座　　地の星座：牡牛座・乙女座・山羊座
風の星座：双子座・天秤座・水瓶座　　水の星座：蟹座・蠍座・魚座

活動宮：牡羊座・蟹座・天秤座・山羊座
不動宮：牡牛座・獅子座・蠍座・水瓶座
柔軟宮：双子座・乙女座・射手座・魚座

《参考資料》

・『Solar Fire Gold Ver.9』（ソフトウェア）/ Esoteric Technologies Pty Ltd.
・『増補版　21世紀　占星天文暦』/ 魔女の家BOOKS　ニール・F・マイケルセン
・『アメリカ占星学教科書 第一巻』/ 魔女の家BOOKS　M.D.マーチ、J.マクエバーズ
・国立天文台 暦計算室Webサイト

HOSHIORI

双子座 2023年の星模様

年間占い

❋ 王様の「献身」

「献身的」という言葉は、「看病」「尽くす」などの言葉を連想させるため、あまり良いイメージを持たない人もいるかもしれません。暗さや「目立たない立場」、裏方的な動きを想起させる言葉です。でも「この王様は献身的に国民のために尽くした」であれば、どうでしょうか。少なくとも、暗いイメージはないように思われます。凛とした気高さが感じられます。

「犠牲」も辛く苦しいイメージの言葉です。自分自身を後回しにし、辛い思いをしている人の姿が思い浮かびます。でも「犠牲フライ」「送りバント」などの犠牲打ならどうでしょうか。自分自身のことだけでなく、チーム全体のことを考えて判断し行動する、広い視野と大きな価値観がそこにあります。

2023年の双子座のキーワードは、「献身」と「犠牲」です。でも、これは決して「自分のことなど考えず、他人のために尽くす年」ということではありません。そうではなく、2023年の双子座の「献身」「犠牲」は、王

様の献身、野球の犠打を意味します。より広い視野と価値観に立って、非常に大事な役割を果たせる、ということなのです。

　占いは「自分の運・不運」を知りたいというニーズに応えるものですから、そこに「犠牲・献身」の言葉が出てきたら、「なんとなく、不運そう」という感じを抱く人もいるかもしれません。でも、2023年の双子座の人々は、決して不運でも苦境に立つわけでもありません。むしろ、昇進したり、独立したり、新たな仲間を得たりと、華やかで発展的なステージに立つ人が多いはずです。ただ、その社会的ポジションが重みを増し、関わる人の数が増え、自分の力の及ぶ範囲が広がるのです。そうなると、「自分個人の幸福」だけに焦点を合わせるわけにはいかなくなります。自然、より多くの人の幸福を視野に入れ、自分だけのことを考える段階とは違った選択をすることになります。これが2023年の「献身・犠牲」の真意です。
　2023年から2年強、双子座の人々はこれまでよりも一回り大きな社会的責任を引き受けることになります。

管理職に任じられたり、人を指導する立場に立ったり、地域コミュニティで重要な役割を任されたりするかもしれません。また、子供を育てることや介護の責任者となることも、大きな社会的責任の一つです。介護や育児は主に家の中で行われるため、「プライベートなこと、個人的なこと」と捉える向きも多いようですが、自分以外の人々にコミットすることは、本来とても社会的です。社会福祉にまつわるいろいろな制度、施設に触れることになりますし、今まで見えていなかった社会がぼんと開けて見えます。

　大切な人のために、周りの人々のために、世の中のために。献身し、犠牲を払おうとする動機は、いったいどこから湧いてくるのでしょうか。たとえば「愛する恋人のために、何かしてあげたい」というのは、ごく個人的な感情です。一方、遠い国の戦乱に苦しむ人々のために募金をしよう、という思いは、何を動機としているのでしょうか。広い視野に立って献身や犠牲を考えるのは、よく考えると、とても不思議なことです。

国を守る王様や、チームの勝利を願う選手は、国民やチームの利益を最優先に考えます。なぜなら、自分自身の安全や幸福が、国やチームのあり方と直結しているからです。帰属意識やアイデンティティといったことが、ここで大きなテーマとなります。

「自分が住む世界はどこなのか」「自分は誰なのか」という意識が、2012年頃から大きく変わり始め、2021年から2022年にかけて、一つのヴィジョンが定まったのではないでしょうか。「一つのヴィジョン」とは、すなわち、前述の「新しい社会的ポジション」です。これに基づいて、2023年は「この立場にふさわしい行動をしよう」ということが目標に掲げられます。

遠い国の戦乱に「募金しよう」という思いは、単なる同情や共感ということ以上に、「同じ世界、同じ時代を生きる、同じ人間だ」というアイデンティティの共有から生まれるのかもしれません。「私は誰なのか」ということへの新しい答えを、新しい行動方針をもって生きられるのが、双子座の2023年なのかもしれません。

❄ 2022年晩夏からの「闘い」

　2022年8月下旬から、双子座の人々は熱い闘いを生きています。この「熱い闘い」の配置は、2023年3月まで続きます。年明け以降もしばらくは、奮闘することになるでしょう。情熱を燃やすこと、対抗心を持つこと、反骨精神や批判精神、闘争心を生きること。双子座の人々は一般に「クールで爽やか」と評されるようですが、その内側には荒ぶる嵐を秘めています。この嵐に火がつくと、古いシステムや価値観、世の中のあらゆる理不尽、権力や支配構造などを「ぶち壊したい！」という衝動が生じます。双子座の人々の闘いの特徴は、「保険を掛けない」ことです。攻守で言えば「守備」をほとんど考えない、身を守らない捨て身の闘い方がよく見られるのです。巧妙な戦術と柔軟な対応力で素晴らしい勝負ができる人々なのですが、不思議なほどに「身を守ろう」というスタンスが見られないのが、双子座の闘いです。そのくらい「攻撃」に振りきって闘うので、たいていの勝負では圧勝できます。特にこの2022年晩夏から2023年早春の闘いは、「未来を

手に入れる」ための闘いとなっています。3月まで駆け抜けるようにして、未来に繋がる特別なルートを「勝ち取る」人が多いだろうと思います。この時期は「戦友」にも恵まれます。ただ、前述のような双子座らしい「捨て身の闘い」に徹した人は、勝負が終わってみて初めて、自分が傷だらけになっているのに気づくかもしれません。闘っている最中は気づかなかった傷が、一気に痛み出す可能性もあります。5月以降、集中的にその傷と疲労を癒す人もいるでしょう。ともあれ、基本的には3月末から4月頭、ともに闘った仲間たちとともに、「お疲れ様！」と勝利の祝杯をあげているあなたがいるはずです。

❄「友情と希望」から、「救いと癒し」の時間へ

　2022年5月半ばから2023年5月半ばまで、「友情と希望」にスポットライトが当たっています。前述の「熱い闘い」でも、ともに闘ってくれる戦友に恵まれた人が多いはずです。また、奮闘するあなたを優しくサポートしてくれたり、相談に乗ってくれたりした友もいるかもしれません。新しい友達に出会った人、「知り合

い」だった相手が「親友」になったという人もいるで
しょう。仲間と夢を共有するところからチャレンジが
始まった人もいるかもしれません。

　2023年5月からは、「救いと癒し」の時間に入りま
す。慢性的な苦しみ、ずっと抱え続けている深い傷を、
ここから2024年5月までの中で、しっかりと癒すこと
ができるかもしれません。第三者からは見えないとこ
ろで、根本的な問題が解決に向かう可能性があります。
この時期は、「一人の時間を大切にしたい」という思い
も強まります。自分自身との対話を重ねる中で、本当
に大切なことを見つけられるかもしれません。また、自
分の弱さについて理解を深めた結果、他者との関係性
が突然、劇的に解決する、といった変化も起こりやす
い時です。誰かと深い精神的交流の中で助け合い、新
たな愛や信頼関係を育ててゆく人もいるでしょう。

❉ コミュニケーションが盛り上がる、初夏から秋口

　6月から10月上旬にかけては、とても楽しい時期と
なっています。コミュニケーションが盛り上がり、出

かけることが楽しく感じられるでしょう。ショートトリップなど、楽しみのための移動が増えそうです。取材や研究、勉強、発信など知的活動に取り組んでいる人には、この時期はキラキラの「好機」です。取り組みがとにかく楽しくなりますし、関わる人々もとても好意的です。

　兄弟姉妹や幼なじみ、近所の人など、ごく身近な人間関係に明るい光が射し込む時期でもあります。たとえば、ずっと一緒にいるがゆえに会話が少なくなっていた、といった相手がいるなら、この時期は不思議と、その人と話が弾むかもしれません。

❋「根っこ」を持つこと

　風のようにあちこちを移動してゆくことの好きな双子座の人々ですが、心のどこかに「帰るべき場所が欲しい」という思いを抱えています。2023年はそんな「帰るべき場所」を探したり、確かめたりする機会を持てるかもしれません。自分の人生や生活を一つの場所に置き、そこに「根を下ろす」人もいるだろうと思います。もちろん、一度根を下ろしたら動けなくなると

いうことではなく、必要があれば「植え替え」も可能
なはずです。ただ、このタイミングで一つの場所に心
や暮らしを「置ききってみる」ことは、あなたにゆた
かな滋養をもたらすだろうと思います。

｛ 仕事・目標への挑戦／知的活動 ｝

　2023年は、「3月」が転換点となります。
　去年の8月下旬から大チャレンジに挑んでいる人は、
年明けもまだまだ忙しい、スリリングな状況が続きま
す。3月末には状況が一段落し、ホッとひと息つける
でしょう。

　2023年はかつてよりも「一回り大きな仕事」をする
ことになるかもしれません。2023年3月に、その「最
初の一歩」が置かれる可能性があります。入り口であ
る春は、重圧が非常に厳しく感じられるかもしれませ
んが、それは決して忌避すべきことでも、悲観すべき
ことでもありません。社会的立場が重みを増せば、プ
レッシャーやストレスを感じるのは当然ですし、この
プレッシャーやストレスは、だんだんに「慣れていく」

ものでもあります。その立場を背負うだけの筋力が少ない段階では、重みが辛く感じられるかもしれませんが、徐々に力がついてくるにつれ、最初に感じた「重さ」は軽減されていきます。「だんだん慣れるだろう」と楽観的に構え、先を急がないことが肝心です。

6月から10月上旬は、学ぶことが楽しく感じられる時です。興味が湧いたテーマを集中的に学び、多くを得られるでしょう。「やらなければならない」勉強ではなく、「好きでやる」勉強に実りが多い時です。

{ 人間関係 }

2022年5月から2023年5月半ばにかけて「人に恵まれる」時期となっています。新たな仲間に出会った人、友達が増えた人も多いはずです。公私ともに、確かな信頼関係を結べます。「人脈が広がる」時期と言えます。

さらに、2023年は「場を作る」「根を下ろす」ような展開になりやすいかもしれません。人の集まりの中に身を置いたり、「いつもの面々」と馴染んだり、気の置けない小さな集団の中に長期的な心の置き場所を見

つけられる時なのです。たとえば、あるお店に繰り返し通って常連になったり、一人暮らしをしてきたのがひょんなことから「共同生活」することになったり、家庭を持ったり、等々、他者の暮らしと自分の暮らしが、新たに融け合う部分が生じます。一対一の出会いは線的ですが、2023年はそれに加えて「場」との出会い、「面的」な出会いがあるのではないかと思います。

{ **お金・経済活動** }

　2008年頃から、他者との関係におけるお金の扱い方に悩みを抱えていたかもしれません。たとえばパートナーとの間でどのように経済的役割を分担するか、といったことは、多くの人の根深い懸案事項です。過去10年以上にわたり、そうした「他者との経済的な関係」に関して、なんらかの強い、逃れがたい状況に置かれていた人が少なくないのではないかと思います。たとえば、家を出たいけれど独立するにはお金が足りないとか、田舎の不動産など扱いの難しい大きな財を管理しなければならないとか、ある種の経済関係に「縛られる」状態になっていた人もいるはずです。もしあな

たがそうした「お金やモノに縛られる・支配される・収奪される」などの状態にあったなら、2023年から2024年にかけて、その状態は解消されます。

また、もう少し短期的なところでは3月末から6月頭にかけて、お金が大きく動きそうです。収入が増えたり、大きめの買い物をしたりできる時です。

健康・生活

2022年8月末から2023年3月は、「肉体改造」的な試みが成功しやすいタイミングです。スポーツやエクササイズを始めた人も少なくないでしょう。

5月頃まではとにかく行動範囲が拡大し、外に出ての活動が盛り上がるので、ワーカホリックになりがちです。5月以降はそうした奮戦での疲労を回復するための時間を優先したくなりそうです。

生活に関しては「他者とシェアするもの」にスポットライトが当たります。お金だけでなく、場所や様々なリソース、時間、ケアの負担など、身近な人と何をどう共有していくか、ということの見直しと交通整理を進められる年です。

◉ 2023年の流星群 ◉

「流れ星」は、星占い的にはあまり重視されません。古来、流星は「天候の一部」と考えられたからです。とはいえ流れ星を見ると、何かドキドキしますね。私は、流れ星は「星のお守り」のようなものだと感じています。2023年、見やすそうな流星群をご紹介します。

4月22・23日頃／4月こと座流星群
例年、流星の数はそれほど多くはありませんが、2023年は月明かりがなく、好条件です。

8月13日頃／ペルセウス座流星群
7月半ばから8月下旬まで楽しめます。三大流星群の一つで、条件がよければ1時間あたり数十個見られることも。8月13日頃の極大期は月明かりがなく、土星や木星が昇る姿も楽しめます。

10月21日頃／オリオン座流星群
真夜中過ぎ、月が沈みます。土星、木星の競演も。

12月14日頃／ふたご座流星群
三大流星群の一つで、多ければ1時間あたり100個程度もの流れ星が見られます。2023年の極大期は月明かりがなく、こちらも好条件です。

HOSHIORI

双子座 2023年の愛
年間恋愛占い

♥ 尊敬という「愛の土壌」

　たとえばパートナーを探すにあたり、多くの人があれこれ条件を考えます。収入や身長など数値を挙げる人もいますが、多くは「人柄」を気にするのではないでしょうか。「気が合う人、面白い人、優しい人」など、これも様々な表現が用いられますが、「尊敬できる人」「信頼できる人」という条件を挙げるケースは多そうです。恋人としての魅力はさておき、まず人間として信用できる相手でなければ！という考えは、それ自体が自分自身への戒めともなります。尊敬できる人に出会ったら必ず、「自分は、相手のパートナーに値する人間性を持っているだろうか？」「自分は尊敬されるべき人間だろうか？」という思いが湧いてくるはずだからです。2023年の双子座の愛の世界では、「尊敬と信頼」が大きなテーマとなります。パートナーとの信頼関係を作るために、パートナーの人間性と自分自身の人間性とを、高い志を持って見つめ直すことができる時なのです。

｛ パートナーを探している人・結婚を望んでいる人 ｝

　5月頃までは、交友関係の中から愛が芽生えやすいで
しょう。交友関係自体が大きく広がっていく時なので、
新たな出会いを見つけやすいのです。趣味やボランティ
アなど、なんらかの社会的広がりのある活動に参加
し、人との関わりのボリュームを増やすことでチャン
スを拡大できます。人が集まっている場に行くこと、イ
ベントなどに積極的に参加すること、なんらかのテー
マを共有できるネットワークにアクセスすることなど
が、功を奏するかもしれません。特に年明けから3月く
らいまでは、自ら積極的に動いてみたい時です。

　5月以降は、少し変わった場に愛が見つかるかもし
れません。たとえば、サポートやケアの場、一人旅に
出た旅先、孤独や悩みを語り合う場などに、共鳴でき
る相手が見つかる可能性があります。また、世間的に
は「隠れた」場所、たとえばお墓参りに出向いたお寺
とか、お見舞いに出かけた病院とか、そんなところに
もなんらかのきっかけが隠れている可能性があります。
人の弱さに触れる場、自分自身の弱さに気づく場に、愛
が見つかります。

さらに6月から10月上旬は、学びの場や出かけた先での出会いが期待できます。SNSなどコミュニケーションツールを介しての出会い、兄弟姉妹や幼なじみ、ご近所の人の紹介などにも妙味があります。

｛ パートナーシップについて ｝

年明けから3月くらいまでは、あなた自身がカッカと燃えている状態にあります。たとえば社会的な問題意識やなんらかの怒りをパートナーと共有できている場合、「共闘」はすこぶる盛り上がるでしょう。一緒に情熱を燃やすことで、愛が強く鍛えられます。5月半ばくらいまで、パートナーとともにイベントに参加したり、人の集まる場に出かけたりと、二人でオープンな場に身を置く機会も増えるかもしれません。社会人として、一人の人間としてのお互いを見つめ合い、「惚れ直す」こともできそうです。信頼関係が強まる時です。

5月半ば以降は一転して「二人だけの時間」を大切にしたくなります。お互いにしかわからないこと、パートナーだから共有できることにスポットライトが当

たります。相手が、今まで語らなかった大切な話を語ってくれる、といったことも起こるかもしれません。あなたもまた、子供の頃の話などを通して、より深い自己開示をすることになるかもしれません。

　6月から10月上旬は、愛のコミュニケーションが盛り上がります。一緒に散歩や旅行に出かけ、美しい景色の中を歩くうち、大事な愛の対話が生まれそうです。

﹛ 片思い中の人・愛の悩みを抱えている人 ﹜

　片思い中の人は、3月までに結論を出せるかもしれません。この時期はあなた自身がとても積極的で勇敢なので、思い切ったアクションを起こしやすいのです。「長く思い迷っている自分に嫌気がさし、決着をつけたくなる」といった展開にもなりやすいはずです。

　5月半ばから2024年5月は、大きな問題解決の季節となっています。抱えている悩みにガッチリ向き合い、根本的な解決を図れる時です。目上の人や信頼できる「大人」が、非常に斬新な、決定的なアドバイスをくれるかもしれません。6月から10月上旬は愛の対話の季節です。「ちゃんと話し合える」時です。

・・・・・・・・・・・・・・・・・・・・・・・・・・・・・

{ 家族・子育てについて }

　7月末から11月上旬にかけて、家族と過ごす時間が増えるでしょう。家の中にいつのまにか積み重なっていた問題や懸案事項を、時間をかけてしっかり解決できそうです。特に8月下旬から9月半ばは、身内のために「立ち止まる」ことが必要になります。自分自身の前進する歩みをいったん止めて、大切な人に目線を合わせて、ゆっくり寄り添いたい時です。

　子育てについては4月後半と10月半ば、重要な変化が起こりそうです。悩みがあった人は、意外な方向に解決していくかもしれません。8月末から10月前半には、子育てに「奮闘」する人も多そうです。11月から12月、努力が報われる展開になるでしょう。

{ 2023年　愛のターニングポイント }

　3月までは自分からガンガン動ける、とても情熱的な愛の季節です。さらに4月半ばから5月頭、11月から12月頭にキラキラした愛の追い風が吹きます。10月半ばに「愛のミラクル」が起こる気配も。

・・・・・・・・・・・・・・・・・・・・・・・・・・・・・

HOSHIORI

双子座 2023年の薬箱

もしも悩みを抱えたら

❀ 2023年の薬箱 ～もしも悩みを抱えたら～

　誰でも日々の生活の中で、迷いや悩みを抱くことがあります。2023年のあなたがもし、悩みに出会ったなら、その悩みの方向性や出口がどのあたりにあるのか、そのヒントをいくつか、考えてみたいと思います。

◆時間をかけて結果を出す、道の途中の不安

　キャリアに関して、強い不安や悲観に囚われるかもしれません。自分の社会的立場に不満を感じたり、自信のなさや自己否定、この世の中に自分のポジションが存在しないのではないかという恐怖などに苛まれ、ストレスを感じる人もいるだろうと思います。ここから2026年頃にまたがって、社会的な立場を言わば「ゼロから積み上げる」ような時間に当たっています。コツコツ少しずつ階段を上がっていくような時間で、かつ、自分自身の利益や成果を優先してもなかなか結果が出ない時間と言えます。ゆえに、「自分のこと」を考えると不安がつのるのですが、「仕事自体のこと」「周囲の人々のこと」「広く自分を取り巻く環境のこと」など、

外側の事物に目を向けると、不思議と使命感や誇りの感情が高まり、先に進みやすくなるでしょう。「自分」に焦点を当てず、常に「テーマ」「やっていることの内容」に目を向けることが、精神安定剤となります。

◆エネルギーを「どう使うか」

2022年8月から、イライラしたりケンカっ早くなったりと、周囲と衝突しやすいかもしれません。この「荒ぶる自分」が落ち着きを取り戻すのは3月末頃です。あなたの内側に熱いエネルギーが渦巻いているので、そのエネルギーを「どう使うか」を考えると、気持ちが落ち着く可能性があります。特に、イライラしたら少しランニングするなど身体を動かしたり、スポーツ観戦で盛り上がったりすると、うまくエネルギーを発散できそうです。何か新しいことに挑戦することも効果的です。1月から3月は特に、スピードの出しすぎや自己過信には気をつけたい時です。

2023年のプチ占い（牡羊座〜乙女座）

牡羊座（3/21-4/20生まれ）

年の前半は「約12年に一度のターニングポイント」のまっただ中。新しい世界に飛び込んでいく人、大チャレンジをする人も。6月から10月上旬は「愛の時間」に突入する。フレッシュで楽しい年に。

牡牛座（4/21-5/21生まれ）

仕事や社会的立場にまつわる重圧から解放された後、「約12年に一度のターニングポイント」に入る。何でもありの、自由な1年になりそう。家族愛に恵まれる。「居場所」が美しくゆたかになる年。

双子座（5/22-6/22生まれ）

2022年8月からの「勝負」は3月まで続く。未来へのチケットを手に入れるための熱い闘い。仲間に恵まれる。さらに2026年にかけて社会的に「高い山に登る」プロセスに入る。千里の道も一歩から。

蟹座（6/23-7/23生まれ）

5月までは「大活躍の時間」が続く。社会的立場が大きく変わる人、「ブレイク」を果たす人も。年の後半は交友関係が膨らみ、行動範囲が広がる。未来への新たなビジョン。経済的に嬉しい追い風が吹く。

獅子座（7/24-8/23生まれ）

年の前半は「冒険と学びの時間」の中にある。未知の世界に旅する人、集中的に学ぶ人も。6月から10月上旬まで「キラキラの愛と楽しみの時間」へ。嬉しいことがたくさん起こりそう。人に恵まれる。

乙女座（8/24-9/23生まれ）

年の前半は「大切な人のために勝負する」時間となる。挑戦の後、素晴らしい戦利品を手にできる。年の後半は未知の世界に飛び出していくことになりそう。旅行、長期の移動、新しい学びの季節へ。

（※天秤座〜魚座はP.96）

双子座 2023年 毎月の星模様

月間占い

◆星座と天体の記号

「毎月の星模様」では、簡単なホロスコープの図を掲載していますが、各種の記号の意味は、以下の通りです。基本的に西洋占星術で用いる一般的な記号をそのまま用いていますが、新月と満月は、本書オリジナルの表記です（一般的な表記では、月は白い三日月で示し、新月や満月を特別な記号で示すことはありません）。

♈：牡羊座	♉：牡牛座	♊：双子座
♋：蟹座	♌：獅子座	♍：乙女座
♎：天秤座	♏：蠍座	♐：射手座
♑：山羊座	♒：水瓶座	♓：魚座
☉：太陽	●：新月	○：満月
☿：水星	♀：金星	♂：火星
♃：木星	♄：土星	♅：天王星
♆：海王星	♇：冥王星	
℞：逆行	Ð：順行	

◆ 月間占いのマーク

　また、「毎月の星模様」には、6種類のマークを添えてあります。マークの個数は「強度・ハデさ・動きの振り幅の大きさ」などのイメージを表現しています。マークの示す意味合いは、以下の通りです。

　マークが少ないと「運が悪い」ということではありません。言わば「追い風の風速計」のようなイメージで捉えて頂ければと思います。

★彡　　特別なこと、大事なこと、全般的なこと

✊　　情熱、エネルギー、闘い、挑戦にまつわること

🏠　　家族、居場所、身近な人との関係にまつわること

¥　　経済的なこと、物質的なこと、ビジネスにおける利益

✏️　　仕事、勉強、日々のタスク、忙しさなど

♥　　恋愛、好きなこと、楽しいこと、趣味など

1

JANUARY

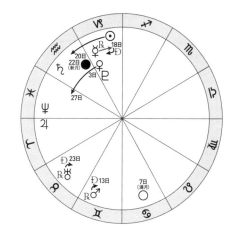

◆ **月の半ば、前進に転じる。**

月の中旬を境に、ふわっと調子が良くなり、勢いを取り戻せそ
うです。混乱や停滞感から解放され、前進に転じられます。戦
意や勇気が湧き上がってきて、より遠く、高いものに向かって
いこうという思いを新たにできます。遠くから素敵な人が訪ね
てきてくれたり、朗報が飛び込んできたりする気配も。

◆ **荒ぶる「力」を導くもの。**

コミュニケーションや知的活動に明るい光が射し込みます。学
ぶことが楽しく感じられますし、楽しみながら吸収したことが
実力としてきちんと「定着」します。去年の夏の終わり頃から
非常にエネルギッシュな状態になっているあなたですが、この

時期はそのエネルギーを暴発させることなく、「乗りこなす」ことができます。目上の人や師などが愛情をもって導いてくれて、そのおかげで力を制御しやすくなるのかもしれません。知性や理性、愛が、あなたの中に湧き上がる激しいほどの情熱を、正しく方向づけてくれます。

◆経済的な問題は解決に向かう。

お金や経済活動における問題を抱えていた人は、その問題が解決に向かうでしょう。素晴らしいものが手に入る気配も。

♥知の世界から吹き寄せる愛。 ♥ ♥ ♥

去年の10月末頃から「情熱は燃えているのに、歯車が噛み合わない」という状態に置かれていたなら、13日頃を境にその状態から抜け出せます。愛や情熱をストレートにぶつけられるようになるでしょう。愛を探している人は、知的な人、尊敬できる人、遠い世界にいる人との間に縁が生まれやすいかもしれません。人から学ぼうとする姿勢が大切です。

》》》 1月 全体の星模様 《

年末から逆行中の水星が、18日に順行に戻ります。月の上旬から半ば過ぎまでは、物事の展開がスローペースになりそうです。一方、10月末から双子座で逆行していた火星は、13日に順行に転じます。この間モタモタと混乱していた「勝負」は、13日を境に前進し始めるでしょう。この「勝負」は去年8月末からのプロセスですが、3月に向けて一気にラストスパートに入ります。

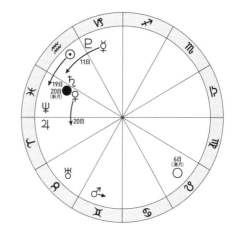

◆**人に頼りながら前進する。** ♥ ♥

キラキラしたチャンスが巡ってきます。実力や才能を発揮しやすい場に恵まれ、とても楽しく活動できるでしょう。肩に力を入れず、「わからないことは教えてもらおう」というふうに、人に頼ることを大切にするスタンスが功を奏します。頼ることでリスペクトの気持ちが伝わりやすくなるのです。

◆**人からの影響で、価値観が変わる。** ¥

月の上旬は、経済的な人間関係に変化が起こりそうです。たとえば、これまで預けていたものを取り戻すことになるかもしれません。また、誰かの財を整理するような作業を任される人もいるでしょう。誰かの手の中にある大きな富に触れ、深い精神

的変容を遂げる人もいそうです。人からの影響で、価値観が少なからず変容する可能性があります。

◆知的活動が「飛躍」する。

中旬以降、力強い学びの季節です。特に2020年頃からコツコツ学んできた人は、この時期に一気に「飛躍」できるかもしれません。知的活動において、点と点が線で繋がるような、伏線を全て回収するような展開が待っています。

♥外に出て活動する場での愛。　　　　　　　　♥

上旬から中旬は「一緒にがんばる」ことがテーマです。カップルは二人で協力して取り組めることがありそうです。また、お互いがそれぞれ頑張っている姿に「惚れ直す」展開もあるかもしれません。愛を探している人は、職場や日々の活動の場で、一緒に頑張れる相手と出会えそうです。月の下旬になると、交友関係の中からの出会いが期待できます。この時期一気に人脈が広がり、そこで突如、縁を見出せる気配も。

≫≫ 2月 全体の星模様 ≪

金星が魚座、水星が水瓶座を運行します。両方とも「機嫌のいい」配置で、愛やコミュニケーションがストレートに進展しそうです。6日の獅子座の満月は天王星とスクエア、破壊力抜群です。変わりそうもないものが一気に変わる時です。20日は魚座で新月が起こり、同日金星が牡羊座に移動、木星と同座します。2023年前半のメインテーマに、明るいスイッチが入ります。

MONTHLY
HOROSCOPE

3

MARCH

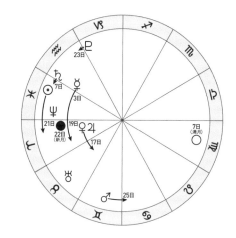

◆**力を込める、ハードな挑戦。**

たとえばトレーニングなどで「鍛えようと思う部分に力を入れて、意識して！」とアドバイスされることがあります。この時期のあなたも一時的に、あるテーマに強く意識を向け、そこに力をぐっと込めることになりそうです。月末までのハードな挑戦から地続きの彼方に、大きな成功が待っています。

◆**人と協力してできること。**

特に月の前半、「人に恵まれる」時間の中にあります。何事も「みんなでやろう！」という雰囲気が強まりそうです。仕事や普段の活動も、この時期は自分一人で抱え込むより、人の力を借りたほうがうまくいきそうです。何を一人でやり、何が一人で

はできないかを、整理する必要もありそうです。

◆「熱い闘いの季節」が終わる。

去年8月下旬からの「闘いの時間」が25日に収束します。ここまで傷だらけになって大奮闘してきた人も多いはずですが、このハードなチャレンジの時間が終わり、月末にはホッとひと息つけるでしょう。お疲れ様でした！の節目です。

♥月の半ばで雰囲気がパッと変わる。　♥

月の半ばまではとてもオープンな追い風が吹いています。みんなでワイワイ楽しむ中で愛や信頼が育っていくような、賑やかな雰囲気です。愛を探している人も、友達や仲間など「みんな」の存在が出会いへと導いてくれる気配があります。月の半ばを過ぎると、今度は一転して「二人だけの世界」を大切にしたくなるかもしれません。愛する人と助け合えます。出会いも、賑やかな場所よりは静かな場所、オープンな場所よりはクローズドな場所のほうに見つけやすいはずです。

≫≫ 3月 全体の星模様 ≪

今年の中で最も重要な転換点です。土星が水瓶座から魚座へ、冥王星が山羊座から水瓶座へと移動します。冥王星は6月に一旦山羊座に戻りますが、今月が「終わりの始まり」です。多くの人が長期的なテーマの転換を経験するでしょう。去年8月下旬から双子座に滞在していた火星も冥王星の翌々日25日に蟹座に抜けます。この月末は、熱い時代の節目となりそうです。

MONTHLY
HOROSCOPE

4

APRIL

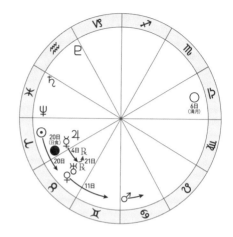

◆「闘い」の疲労を癒す。　　　　　　　　

ほんわかした楽しい時間帯です。去年8月下旬からの熱い勝負の時間を抜け、一転して優しい、楽しい雰囲気が流れ込んできます。趣味や遊びに打ち込む人もいるでしょうし、これまでの疲労を癒すべく、ゆっくり過ごす人もいるはずです。少々怠け気味になっても大丈夫。遠慮せず英気を養って。

◆「戦利品」の獲得。　　　　　　　　　　

経済活動が一気に活性化します。臨時収入があったり、大きな買い物に挑んだりと、インパクトの強い展開がありそうです。去年の夏から必死に取り組んだことがある人は、その「最初の収穫」ができるかもしれません。戦利品をガッチリ手に入れて、こ

れを何に使うか検討し始める人もいるはずです。

◆後回しにしていた「ケア」に取り組む。

過去を振り返る時間を多く持てそうです。特に過去数カ月間、嵐のような時間の中で見逃したことを確かめられそうです。後回しにしていた自他へのケアも、丁寧にできる時です。

♥中旬以降、素敵な愛の時間へ。 ♥ ♥ ♥

6日前後、「愛が満ちる・実る」時間です。愛について嬉しい出来事が起こり、その出来事を通して心の中に新しい自由の光が射し込むかもしれません。愛の体験の中で「こんな生き方ができるかも！」という新鮮な発見ができる時です。11日以降、キラキラの愛の季節となります。フリーの人もカップルも、素敵な愛のドラマを生きられる時間帯です。月の下旬になると「失ったものが戻ってくる」気配も。愛を探している人は、ファッションやヘアスタイルを思い切って変えてみると、新展開へのきっかけを掴めるかもしれません。

▶▶▶ 4月 全体の星模様 ◀

昨年8月下旬から火星が位置した双子座に11日、金星が入ります。さらに水星は21日からの逆行に向けて減速しており、「去年後半から3月までガンガン勝負していたテーマに、ふんわりとおだやかな時間がやってくる」ことになりそうです。半年以上の激闘を労うような、優しい時間です。20日、木星が位置する牡羊座で日食が起こります。特別なスタートラインです。

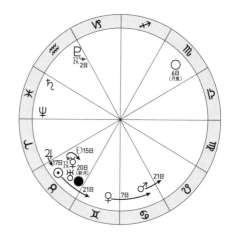

◆「立ち止まって振り返る」時。

「かつて通ってきた道」に強いスポットライトが当たっています。過去に起こったことに再度取り組むことになったり、懐かしい場所に再訪したりすることになるかもしれません。また、長い間抱えていた慢性的な問題の解決に向け、本格的に取り組むことになる人も。立ち止まって振り返る時です。

◆本当に欲しいものだけを手に入れる。 ¥ ¥ ¥

引き続き、経済活動が熱く盛り上がります。先月に増して強い追い風が吹きそうです。欲しいものが手に入りますし、収入がアップするなど、嬉しいことが多いでしょう。意欲的に動くことで、しっかり結果を出せます。入るほうも使うほうも活性化

42

するため、収支には注意したほうがいいかもしれません。特に、見栄やマウンティングのための散財は、後悔の種に。

◆続けてきたことが、意外な実を結ぶ。

6日前後、ずっと積み重ねてきたことが意外な成果に繋がるかもしれません。訓練してきたこと、学んできたことが実を結びます。人を助けるためにやってきた努力が突然報われる、といった展開も。「継続は力なり」を実感できます。

♥思い出話の中の宝物。

7日までキラキラした愛の季節が続いています。上旬を過ぎると少し落ち着いた雰囲気に包まれるでしょう。カップルは不思議と思い出話が盛り上がったり、「あの時はこんな気持ちだった」というふうに、過去を遡るような対話を重ねることになるかもしれません。この時期「過去を振り返る」ことは、愛の世界でもとても重要です。愛を探している人は月の下旬以降、フットワークを活かして出会いを見つけられそうです。

5月 全体の星模様

3月に次いで、節目感の強い月です。まず6日、蠍座で月食が起こります。天王星と180度、この日の前後にかなりインパクトの強い変化が起こるかもしれません。15日に逆行中の水星が順行へ、17日に木星が牡羊座から牡牛座に移動します。これも非常に強い「節目」の動きです。約1年の流れがパッと変わります。21日、火星と太陽が星座を移動し、全体にスピード感が増します。

6

JUNE

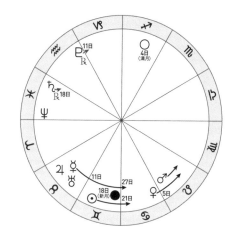

◈**動きながら考える。**

とにかくアクティブな時間です。持ち前のフットワークのよさ、コミュニケーション能力を活かしてガンガン動き回り、素晴らしい成果を挙げられるでしょう。面白いことが次々に出てきて好奇心を刺激され、「やりたいこと」を捌（さば）ききれないような状態になるかもしれません。目一杯動いてみて。

◈**本当に考えるべきテーマは、何か。**

キャリアに関して漠たる不安や深い問題意識を抱えている人が少なくないはずですが、この時期は特にその問題意識が、ひしひしと身に染みてくるかもしれません。課題が大きければ大きいほど、「自分でなんとかしなければ」というプレッシャーのよ

うなものが強まりそうです。ただ、人間には自分でできること
とそうでないことがあります。もしあなたが、自分ではどうに
もできないことを見つめて考え続けているような状態にあるな
ら、その思考を一度止めて、他に目をそらしているテーマがな
いかどうか、考え直す必要があるかもしれません。18日前後、
そうした「思考の転換」が起こり、自分ではどうにもならない
ことから、少しはコミットできることへと、悩みの軸足をシフ
トすることができそうです。

♥ 親しみ深い世界が、愛へのゲートに。　　　　♥ ♥

4日前後、パートナーシップや恋愛において、関係性が大きく
進展するようなタイミングです。大事な約束を交わす人もいれ
ば、かつて交わした約束を果たす人もいるだろうと思います。愛
を探している人は、学びの場や身近な人との交流の場、日常的
なコミュニケーションの輪の中に出会いを見つけられるかもし
れません。同窓生や兄弟姉妹、幼なじみの紹介、趣味の集まり
での出会いにも妙味があります。

》 6月 全体の星模様 《

火星と金星が獅子座に同座し、熱量が増します。特に3月末から
蟹座にあった火星はくすぶっているような状態にあったので、6
月に入ると雨が上がってからっと晴れ上がるような爽快さが感じ
られるかもしれません。牡牛座に入った木星は魚座の土星と60度
を組み、長期的な物事を地に足をつけて考え、軌道に乗せるよう
な流れが生まれます。全体に安定感のある月です。

MONTHLY
HOROSCOPE

7

JULY

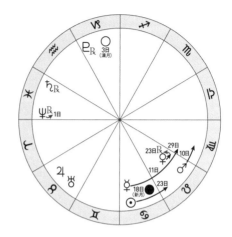

◆**大きなテーマのための、環境の変更。**

たとえば、引っ越しによって長い間の悩みがスッキリ解決する
かもしれません。また、仕事や人生の大事な目的のために環境
を変えることになるかもしれません。この時期、なんらかの大
きなテーマのために、生活環境を変える人が少なくなさそうで
す。模様替えや大掃除のレベルでも、大きな効果が。

◆**コミュニケーションの、爽やかな広がり。**

先月からの「楽しいコミュニケーション」の時期が、10月上旬
まで続いていきます。月の上旬はまだ「熱」がこもっていて、議
論や論争、口ゲンカなどもあるかもしれませんが、中旬に入る
と穏やかな雰囲気が広がり、公私ともに「話し相手が増える」

流れが生じます。知性を活かして活躍できる場面も増えるでしょう。なにかと意見を求められそうです。

◈お金に関する新展開。

18日前後、経済活動において新しい展開が。「これは儲からないかも」と思ったビジネスが「当たる」かもしれません。

♥素直な個性が、強力な武器に。 ♥ ♥

先月スタートした「愛のコミュニケーション」の時間は10月上旬まで続くのですが、今月は先月と一転して、爽やかな雰囲気に包まれます。先月は情熱的に語り合っていたのが、今月中旬からは知的に、オープンに語り合う、というイメージです。あなたの持ち味を活かしやすい雰囲気が生まれ、「いいところを見せる」ことができるでしょう。愛を探している人も、持ち前のフットワーク力、コミュニケーション力を駆使してチャンスを掴めます。自他ともに認める長所や個性、特徴が、この時期はありのままで強力な武器となります。

≫ 7月 全体の星模様 ≪

10日に火星が獅子座から乙女座へ、11日に水星が蟹座から獅子座へ移動します。火星が抜けた獅子座に金星と水星が同座し、とても爽やかな雰囲気に包まれます。5月末から熱い勝負を挑んできたテーマが、一転してとても楽しく軽やかな展開を見せるでしょう。一方、乙女座入りした火星は土星、木星と「調停」の形を結びます。問題に正面から向き合い、解決できます。

MONTHLY
HOROSCOPE

8

AUGUST

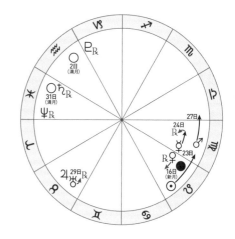

◆「普段の風景」の変化による、新鮮な刺激。　🏠🏠🏠

「居場所が動く」時間が続いています。長らく動かしたことのな
い家具の位置を変えたり、新しい家電を導入したりすることに
なるかもしれません。一方、家にじっとしている暇もないほど
飛び回る、という人もいるでしょう。「普段の風景」が普段通り
でないことが、心にフレッシュな刺激をくれます。

◆楽しい学びの季節。　✏️✏️

学ぶことがとても楽しい時期です。特に、一度学んだことをも
う一度学び直したり、誰かに教えるために知識を深めようとし
たりする作業に、充実した喜びを感じられるでしょう。コミュ
ニケーションにおいて「静かな人気が出る」気配も。

◆苦労が報われる「成功」。

月末、仕事や対外的な活動において大きな成果を収められそうです。特に3月頃から苦労して進めてきたテーマがあれば、その苦労がとても嬉しい形で報われるでしょう。

♥タイムラグを経ての、愛のリアクション。

たとえば、自分が発した何気ないセリフについて、ずっと後になって「あの時ああ言ってくれて、本当に感動した、嬉しかった」と言われる、といったエピソードがあります。もしこの時期あなたが愛する人に何かを語ったなら、しばらくしてそんなことを言ってもらえるかもしれません。引き続き「愛のコミュニケーション」の時期で、あなたから積極的に語りかけることができる時なのですが、リアルタイムではリアクションが少々、薄い気配があるのです。今「何かが起こった！」とわからなくても、しばらくしてちゃんと「あの時の話には、意味があった」と実感できます。会話に心を込めて。

》》 8月 全体の星模様 《《

乙女座に火星と水星が同座し、忙しい雰囲気に包まれます。乙女座は実務的な星座で、この時期多くの人が「任務」にいつも以上に注力することになりそうです。一方、獅子座の金星は逆行しながら太陽と同座しています。怠けたりゆるんだりすることも、今はとても大事です。2日と31日に満月が起こりますが、特に31日の満月は土星と重なり、問題意識が強まりそうです。

9

SEPTEMBER

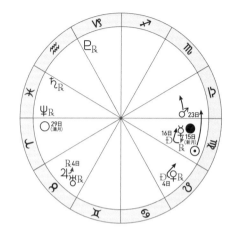

◆**やりたいことができる時。貪欲に。**

個性や才能に情熱を注ぎ、「やりたいことに全力で打ち込む」ことができる時間です。趣味や純粋な楽しみのための活動、クリエイティブな活動が一気に盛り上がります。特に、自己表現や創造的な活動に取り組んでいる人には、かなり大きなチャンスが巡ってくる可能性が。湧き上がる「欲」に忠実に。

◆**「居場所」にまつわる混乱と再生。**

7月半ばからの「居場所が動く」流れが、9月に入ると同時に「一時停止」します。引っ越しや独立など環境を変えるためのアクションを起こしていた人は、ここで「これまでのプロセスを振り返る」ような作業が出てくるかもしれません。場合によっ

ては契約の内容を見直したり、できあがったものを部分的に修理したりする必要もありそうです。月の半ばを境にこうした停滞感・混乱は落ち着きます。また、精神的な「原点回帰」が起こり、心の疲労が一気に回復する人も。

◈コミュニケーションがスムーズに。

5月下旬からの活発なコミュニケーションが8月中、少し混乱していたかもしれません。9月に入るとその混乱が収まり、一気にストレートな賑やかさが戻ってきます。会話の輪が広がりますし、学びの場にも恵まれるでしょう。

❤不器用でも積極的に動く勇気。

愛にも情熱的になれる時です。双子座の人々は愛の情熱を素直に表現するのが苦手な傾向がありますが、この時期は少々不器用でも、勇気を出して気持ちを「打ち出す」ことが大事です。愛を探している人も、勇敢に、積極的に行動することできっと愛を見つけられます。とにかく話しかけて。

》》 9月 全体の星模様 《

月の前半、水星が乙女座で逆行します。物事の振り返りややり直しに見るべきものが多そうです。15日に乙女座で新月、翌16日に水星順行で、ここが「節目」になるでしょう。物事がスムーズな前進に転じます。8月に逆行していた金星も4日、順行に戻り、ゆるみがちだったことがだんだん好調になってきます。火星は天秤座で少し不器用に。怒りのコントロールが大切です。

10

OCTOBER

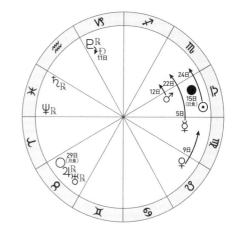

◇誰かのために「一肌脱ぐ」。

12日頃までは引き続き好きなこと、やりたいことに注力できます。中旬に入ると徐々に「やるべきこと」のウェイトが増し、忙しくなるでしょう。特に、大きめの「問題解決」に取り組むことになるかもしれません。自分のため、身近な人のために、「一肌脱ぐ」ような決断をする人が多そうです。

◇外に出なくても大丈夫。

上旬は、外に出る機会が多い、アクティブな状態です。中旬に入ると「家の中・身内」にスポットライトが当たりそうです。家の中を美しくすることに注力したり、家族で楽しめることを増やしたりできるでしょう。身近な人との人間関係に愛が満ちて、

とても幸福に過ごせそうです。ただ、双子座の人々は家の中にいる時間が長くなると「外に出なければ！」というプレッシャーを感じ始める傾向も。少なくとも今は、「家にいること」を不安視する必要はなさそうです。

◈楽しむための情報、言葉。

好きなことについて語り合ったり、「同好の士」のような仲間に出会えたりする時です。趣味や遊び、楽しみに関するコミュニケーションが盛り上がります。たとえば遊びに行く時も、情報力が物を言いそうです。下調べをしっかりして。

♥「馴染（なじ）んでいく」ことの大切さ。 ♥ ♥

恋愛にも新鮮さやサプライズを大切にする双子座の人々ですが、この時期は馴染むこと、慣れ親しむこと、同じことを繰り返すことなどに意味があるかもしれません。変化を求めるより、安心感や和やかさを追求したくなりそうです。愛を探している人は、15日前後、意外な出会いが期待できます。

》10月 全体の星模様《

獅子座の金星が9日に乙女座へ、天秤座の火星が12日に蠍座へ、それぞれ移動します。月の上旬は前月の雰囲気に繋がっていますが、中旬に入る頃にはガラッと変わり、熱いチャレンジの雰囲気が強まるでしょう。15日、天秤座で日食が起こります。人間関係の大きな転換点です。月末には木星の近くで月食、2023年のテーマの「マイルストーン」的な出来事の気配が。

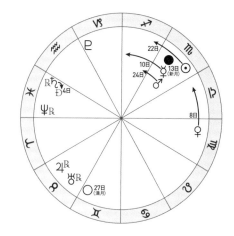

◆「人のため」が「自分のため」に。

忙しい時期です。多方面から出動要請が寄せられ、てんやわん
やになりそうです。頼られ必要とされる中で、自分でも意外な
ほどの底力が出てきます。人のために頑張っているはずなのに、
いつのまにか自分自身の問題が解決している、といった現象も
起こるかもしれません。情けは人のためならず。

◆「楽しむ」ことでひらける道。 ♥ ♥ ♥

とても楽しい季節です。上記のように「人のため」の活動も活
発なのですが、同時に「自分の楽しみのため」の活動にも積極
的に取り組めます。心から好きになれるものに出会えたり、新
しい趣味を始めたりする人もいるでしょう。遊びに出かけるの

がとても楽しい時期です。たとえば人生に悩んだり、仕事で行き詰まったりした時に、「思い切って今日だけ、全力で遊ぼう！」というふうに切り替えると、悩みごとに新しい解決の方向性が見えてくるかもしれません。

◈長期的なテーマにおける、大事な決断。 ★★

月末、かなり重要な山場を迎えそうです。3月頃から始まった長期的な活動について、自分として決断しなければならないことが出てくるかもしれません。誰かとよく相談した上で、「これだ！」という思いが固まります。

♥絶好調の「愛の季節」。 ♥♥♥

キラキラの季節です。双子座から見て「愛の部屋」にあたる天秤座に金星が入り、強い愛の追い風が吹き始めます。カップルは幸せな時間を過ごせるでしょう。愛の関係が一気に進展します。愛を探している人は、ごく身近なところに出会いの気配が。同僚や協力し合う仲間が恋人になるかも。

11月 全体の星模様

火星は24日まで蠍座に、金星は8日から天秤座に入ります。どちらも「自宅」の配置で、パワフルです。愛と情熱、人間関係と闘争に関して、大きな勢いが生まれるでしょう。他者との関わりが密度を増します。水星は10日から射手座に入りますが、ここでは少々浮き足立つ感じがあります。特に、コミュニケーションや交通に関して、「脱線」が生じやすいかもしれません。

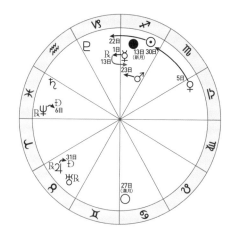

◆**「熱い人」の意外な手助け。**

熱い人間関係に揉まれます。刺激的な人物、情熱的な人物に出
会い、強い影響を受けることになるかもしれません。あなたが
今密かに取り組んでいること、特に過去と向き合うような作業
や誰かを助ける行動に関して、この時期関わる人が意外な手助
けをしてくれる気配もあります。熱を受け取って。

◆**心身の声に従い、ナチュラルに。**

生活が楽しくなります。日々の生活を彩るものをいろいろ導入
したくなるかもしれません。コスメを刷新するなど、ちょっと
したことでウキウキできます。また、身体や心の声をよく聞け
る時でもあります。特に、疲労や葛藤を溜め込んでいる人ほど、

この時期はぼんやりしたり、怠けたくなったりするかもしれません。なんとなく日々が「ゆるい」感じがしても、この時期はそれほど問題意識を持たなくても大丈夫です。年明けにはきりっと気合いが入り、ガンガン動けます。ゆるめる時は思い切ってゆるめるほうが、結果的に良いパフォーマンスが出るはずです。無理をしないで。

◎**お金に関する小さな混乱。**
月の半ば以降、経済活動に停滞や混乱が生じるかもしれません。年明けには混乱が収まります。金銭的な収支・利害より、このタイミングではまず、信頼関係を優先して。

♥**いろいろな意味で「熱」がこもる。**
情熱的に、直球勝負で愛し合えるタイミングです。特に、アプローチ中の人はドラマが急展開するでしょう。カップルは熱い喜びを感じられる時ですが、勢い余ってケンカに発展する気配も。しっかり話し合って膿を出すことも大事です。

▶▶▶ 12月 全体の星模様 ◀◀

火星は射手座に、金星は蠍座に、水星は山羊座に入ります。年末らしく忙しい雰囲気です。経済は沸騰気味、グローバルなテーマが注目されそうです。13日が転換点で射手座の新月、水星が逆行開始です。ここまで外へ外へと広がってきたものが、一転して内向きに展開し始める可能性も。27日、蟹座の満月は水星、木星と小三角を組み、今年1年の「まとめ」を照らし出します。

HOSHIORI

月と星で読む
双子座 365日のカレンダー

◆ 月の巡りで読む、12種類の日。

　毎日の占いをする際、最も基本的な「時計の針」となるのが、月の動きです。「今日、月が何座にいるか」がわかれば、今日のあなたの生活の中で、どんなテーマにスポットライトが当たっているかがわかります（P.64からの「365日のカレンダー」に、毎日の月のテーマが書かれています。🌙マークは新月や満月など、◆マークは星の動きです）。

　本書では、月の位置による「その日のテーマ」を、右の表のように表しています。

　月は1ヵ月で12星座を一回りするので、一つの星座に2日半ほど滞在します。ゆえに、右の表の「〇〇の日」は、毎日変わるのではなく、2日半ほどで切り替わります。

　月が星座から星座へと移動するタイミングが、切り替えの時間です。この「切り替えの時間」はボイドタイムの終了時間と同じです。

1. **スタートの日**：物事が新しく始まる日。
「仕切り直し」ができる、フレッシュな雰囲気の日。

2. **お金の日**：経済面・物質面で動きが起こりそうな日。
自分の手で何かを創り出せるかも。

3. **メッセージの日**：素敵なコミュニケーションが生まれる。
外出、勉強、対話の日。待っていた返信が来る。

4. **家の日**：身近な人や家族との関わりが豊かになる。
家事や掃除など、家の中のことをしたくなるかも。

5. **愛の日**：恋愛他、愛全般に追い風が吹く日。
好きなことができる。自分の時間を作れる。

6. **メンテナンスの日**：体調を整えるために休む人も。
調整や修理、整理整頓、実務などに力がこもる。

7. **人に会う日**：文字通り「人に会う」日。
人間関係が活性化する。「提出」のような場面も。

8. **プレゼントの日**：素敵なギフトを受け取れそう。
他人のアクションにリアクションするような日。

9. **旅の日**：遠出することになるか、または、
遠くから人が訪ねてくるかも。専門的学び。

10. **達成の日**：仕事や勉強など、頑張ってきたことについて、
何らかの結果が出るような日。到達。

11. **友だちの日**：交友関係が広がる、賑やかな日。
目指している夢や目標に一歩近づけるかも。

12. **ひみつの日**：自分一人の時間を持てる日。
自分自身としっかり対話できる。

◆太陽と月と星々が巡る「ハウス」のしくみ。

前ページの、月の動きによる日々のテーマは「ハウス」というしくみによって読み取れます。

「ハウス」は、「世俗のハウス」とも呼ばれる、人生や生活の様々なイベントを読み取る手法です。12星座の一つ一つを「部屋」に見立て、そこに星が出入りすることで、その時間に起こる出来事の意義やなりゆきを読み取ろうとするものです。

自分の星座が「第1ハウス」で、そこから反時計回りに12まで数字を入れてゆくと、ハウスの完成です。

第1ハウス：「自分」のハウス
第2ハウス：「生産」のハウス
第3ハウス：「コミュニケーション」のハウス
第4ハウス：「家」のハウス
第5ハウス：「愛」のハウス
第6ハウス：「任務」のハウス
第7ハウス：「他者」のハウス
第8ハウス：「ギフト」のハウス
第9ハウス：「旅」のハウス
第10ハウス：「目標と結果」のハウス
第11ハウス：「夢と友」のハウス
第12ハウス：「ひみつ」のハウス

例：双子座の人の場合

自分の星座が
第1ハウス

反時計回り

たとえば、今日の月が射手座に位置していたとすると、この日は「第7ハウスに月がある」ということになります。

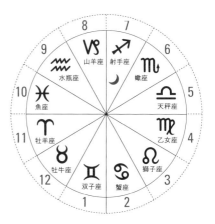

前々ページの「○○の日」の前に打ってある数字は、実はハウスを意味しています。「第7ハウスに月がある」日は、「7．人に会う日」です。

太陽と月、水星から海王星までの惑星、そして準惑星の冥王星が、この12のハウスをそれぞれのスピードで移動していきます。「どの星がどのハウスにあるか」で、その時間のカラーやそのとき起こっていることの意味を、読み解くことができるのです。詳しくは『星読み＋ 2022〜2032年データ改訂版』(幻冬舎コミックス刊)、または『月で読むあしたの星占い』(すみれ書房刊)でどうぞ！

1 ・JANUARY・

1	日	友だちの日 ▶ ひみつの日　　　　　　　　　　　　　[ボイド 〜02:10] ざわめきから少し離れたくなる。自分の時間。
2	月	ひみつの日 一人の時間。過去を振り返り、戦略を練る。自分を大事にする。
3	火	ひみつの日 ▶ スタートの日　　　　　　　　　　　[ボイド 07:17〜11:46] 新しいことを始めやすい時間に切り替わる。 ◆金星が「旅」のハウスへ。楽しい旅の始まり、旅の仲間。研究の果実。距離を越える愛。
4	水	スタートの日 主役の意識で動く。新しい選択肢を選べる。気持ちが切り替わる。
5	木	スタートの日 ▶ お金の日　　　　　　　　　　　[ボイド 09:09〜23:16] 物質面・経済活動が活性化する時間に入る。
6	金	お金の日 いわゆる「金運がいい」日。実入りが良く、いい買い物もできそう。
7	土	○お金の日 いわゆる「金運がいい」日。実入りが良く、いい買い物もできそう。 🌙「生産」のハウスで満月。経済的・物質的な努力が実り、収穫が得られる。豊かさ、満足。
8	日	お金の日 ▶ メッセージの日　　　　　　　　　　[ボイド 07:25〜11:42] 「動き」が出てくる。コミュニケーションの活性。
9	月	メッセージの日 待っていた朗報が届く。勉強が捗る。外に出たくなる日。
10	火	メッセージの日　　　　　　　　　　　　　　　　[ボイド 10:54〜] 待っていた朗報が届く。勉強が捗る。外に出たくなる日。
11	水	メッセージの日 ▶ 家の日　　　　　　　　　　　[ボイド 〜00:17] 生活環境や身内に目が向かう。原点回帰。
12	木	家の日 「普段の生活」が充実。身内との関係強化。環境改善ができる。
13	金	家の日 ▶ 愛の日　　　　　　　　　　　　　　　[ボイド 08:08〜11:58] 愛の追い風が吹く。好きなことができる。 ◆火星が「自分」のハウスで順行へ。新しい勢いが湧いてきて、勝負を「仕切り直せる」とき。
14	土	愛の日 愛について嬉しいことがある。子育て、趣味、創作にも追い風が。
15	日	◗愛の日 ▶ メンテナンスの日　　　　　　　　　[ボイド 17:41〜21:10] 「やりたいこと」から「やるべきこと」へのシフト。
16	月	メンテナンスの日 生活や心身の故障部分を修理できる。ケアしたり、されたり。

17 火　メンテナンスの日　　　　　　　　　　　　　　　　［ボイド 23:29～］
生活や心身の故障部分を修理できる。ケアしたり、されたり。

18 水　メンテナンスの日 ▶ 人に会う日　　　　　　　　　　　［ボイド ～02:35］
「自分の世界」から「外界」へ出るような節目。
◆水星が「ギフト」のハウスで順行へ。経済的な関係性がスムーズに。マネジメントの成功。

19 木　人に会う日　　　　　　　　　　　　　　　　　　　　［ボイド 19:10～］
人に会ったり、会う約束をしたりする日。出会いの気配も。

20 金　人に会う日 ▶ プレゼントの日　　　　　　　　　　　　［ボイド ～04:13］
他者との関係に、さらに一歩踏み込めるように。
◆太陽が「旅」のハウスへ。1 年のサイクルの中で「精神的成長」を確認するとき。

21 土　プレゼントの日
人から貴重なものを受け取れる。提案を受ける場面も。

22 日　●プレゼントの日 ▶ 旅の日　　　　　　　　　　　［ボイド 00:54～03:30］
遠い場所との間に、橋が架かり始める。
☽「旅」のハウスで新月。旅に出発する。専門分野を開拓し始める。矢文を放つ。

23 月　旅の日　　　　　　　　　　　　　　　　　　　　　　［ボイド 19:21～］
遠出したり、遠くから人が訪ねてくれたりする日。発信力も増す。
◆天王星が「ひみつ」のハウスで順行へ。心を塞ぐ大岩のいくつかを粉砕できる。不安の解消。

24 火　旅の日 ▶ 達成の日　　　　　　　　　　　　　　　　　［ボイド ～02:37］
意欲が湧く。はっきりした成果が出る時間へ。

25 水　達成の日
目標に手が届く。結果が出る日。人から認められる場面も。

26 木　達成の日 ▶ 友だちの日　　　　　　　　　　　　　［ボイド 01:13～03:50］
肩の力が抜け、伸びやかな気持ちになれる。

27 金　友だちの日
未来のプランを立てる。友だちと過ごせる。チームワーク。
◆金星が「目標と結果」のハウスへ。目標達成と勲章。気軽に掴めるチャンス。嬉しい配役。

28 土　友だちの日 ▶ ひみつの日　　　　　　　　　　　　［ボイド 06:03～08:44］
ざわめきから少し離れたくなる。自分の時間。

29 日　◑ひみつの日
一人の時間。過去を振り返り、戦略を練る。自分を大事にする。

30 月　ひみつの日 ▶ スタートの日　　　　　　　　　　　［ボイド 14:54～17:36］
新しいことを始めやすい時間に切り替わる。

31 火　スタートの日
主役の意識で動く。新しい選択肢を選べる。気持ちが切り替わる。

2 ·FEBRUARY·

1 水 スタートの日 [ボイド 21:00〜]
主役の意識で動く。新しい選択肢を選べる。気持ちが切り替わる。

2 木 スタートの日 ▶ お金の日 [ボイド 〜05:13]
物質面・経済活動が活性化する時間に入る。

3 金 お金の日
いわゆる「金運がいい」日。実入りが良く、いい買い物もできそう。

4 土 お金の日 ▶ メッセージの日 [ボイド 15:21〜17:50]
「動き」が出てくる。コミュニケーションの活性。

5 日 メッセージの日
待っていた朗報が届く。勉強が捗る。外に出たくなる日。

6 月 ○ メッセージの日 [ボイド 23:17〜]
待っていた朗報が届く。勉強が捗る。外に出たくなる日。
🌙「コミュニケーション」のハウスで満月。重ねてきた勉強や対話が実を結ぶとき。意思疎通が叶う。

7 火 メッセージの日 ▶ 家の日 [ボイド 〜06:16]
生活環境や身内に目が向かう。原点回帰。

8 水 家の日
「普段の生活」が充実。身内との関係強化。環境改善ができる。

9 木 家の日 ▶ 愛の日 [ボイド 15:42〜17:48]
愛の追い風が吹く。好きなことができる。

10 金 愛の日
愛について嬉しいことがある。子育て、趣味、創作にも追い風が。

11 土 愛の日
愛について嬉しいことがある。子育て、趣味、創作にも追い風が。
◆水星が「旅」のハウスへ。軽やかな旅立ち。勉強や研究に追い風。導き手に恵まれる。

12 日 愛の日 ▶ メンテナンスの日 [ボイド 01:43〜03:36]
「やりたいこと」から「やるべきこと」へのシフト。

13 月 メンテナンスの日
生活や心身の故障部分を修理できる。ケアしたり、されたり。

14 火 ◑ メンテナンスの日 ▶ 人に会う日 [ボイド 08:54〜10:33]
「自分の世界」から「外界」へ出るような節目。

15 水 人に会う日
人に会ったり、会う約束をしたりする日。出会いの気配も。

16 木 人に会う日 ▶ プレゼントの日 [ボイド 10:07〜14:01]
他者との関係に、さらに一歩踏み込めるように。

17 金 プレゼントの日
人から貴重なものを受け取れる。提案を受ける場面も。

18 土 プレゼントの日 ▶ 旅の日   [ボイド 13:19〜14:36]
遠い場所との間に、橋が架かり始める。

---

19 日 旅の日
遠出したり、遠くから人が訪ねてくれたりする日。発信力も増す。
◆太陽が「目標と結果」のハウスへ。1年のサイクルの中で「目標と達成」を確認するとき。

---

20 月 ●旅の日 ▶ 達成の日   [ボイド 11:02〜13:58]
意欲が湧く。はっきりした成果が出る時間へ。
☽「目標と結果」のハウスで新月。新しいミッションがスタートするとき。目的意識が定まる。◆金星が「夢と友」のハウスへ。友や仲間との交流が華やかに。「恵み」を受け取れる。

---

21 火 達成の日
目標に手が届く。結果が出る日。人から認められる場面も。

---

22 水 達成の日 ▶ 友だちの日   [ボイド 13:07〜14:15]
肩の力が抜け、伸びやかな気持ちになれる。

---

23 木 友だちの日
未来のプランを立てる。友だちと過ごせる。チームワーク。

---

24 金 友だちの日 ▶ ひみつの日   [ボイド 16:23〜17:31]
ざわめきから少し離れたくなる。自分の時間。

---

25 土 ひみつの日
一人の時間。過去を振り返り、戦略を練る。自分を大事にする。

---

26 日 ひみつの日   [ボイド 23:44〜]
一人の時間。過去を振り返り、戦略を練る。自分を大事にする。

---

27 月 ◑ひみつの日 ▶ スタートの日   [ボイド 〜00:49]
新しいことを始めやすい時間に切り替わる。

---

28 火 スタートの日
主役の意識で動く。新しい選択肢を選べる。気持ちが切り替わる。

3 ·MARCH·

1	水	スタートの日 ▶ お金の日　　　　　　　　　　　　[ボイド 10:09〜11:42] 物質面・経済活動が活性化する時間に入る。
2	木	お金の日 いわゆる「金運がいい」日。実入りが良く、いい買い物もできそう。
3	金	お金の日　　　　　　　　　　　　　　　　　　　　[ボイド 23:24〜] いわゆる「金運がいい」日。実入りが良く、いい買い物もできそう。 ◆水星が「目標と結果」のハウスへ。ここから忙しくなる。新しい課題、ミッション、使命。
4	土	お金の日 ▶ メッセージの日　　　　　　　　　　　[ボイド 〜00:17] 「動き」が出てくる。コミュニケーションの活性。
5	日	メッセージの日 待っていた朗報が届く。勉強が捗る。外に出たくなる日。
6	月	メッセージの日 ▶ 家の日　　　　　　　　　　　[ボイド 12:20〜12:40] 生活環境や身内に目が向かう。原点回帰。
7	火	○家の日 「普段の生活」が充実。身内との関係強化。環境改善ができる。 🌙「家」のハウスで満月。居場所が「定まる」。身近な人との間で「心満ちる」とき。◆土星が「目標と結果」のハウスへ。社会的立場を城のように「築く」、約2年半の歩みの始まり。
8	水	家の日 ▶ 愛の日　　　　　　　　　　　　　　[ボイド 23:09〜23:46] 愛の追い風が吹く。好きなことができる。
9	木	愛の日 愛について嬉しいことがある。子育て、趣味、創作にも追い風が。
10	金	愛の日 愛について嬉しいことがある。子育て、趣味、創作にも追い風が。
11	土	愛の日 ▶ メンテナンスの日　　　　　　　　　　[ボイド 08:38〜09:07] 「やりたいこと」から「やるべきこと」へのシフト。
12	日	メンテナンスの日 生活や心身の故障部分を修理できる。ケアしたり、されたり。
13	月	メンテナンスの日 ▶ 人に会う日　　　　　　　　[ボイド 16:00〜16:22] 「自分の世界」から「外界」へ出るような節目。
14	火	人に会う日 人に会ったり、会う約束をしたりする日。出会いの気配も。
15	水	◑人に会う日 ▶ プレゼントの日　　　　　　　　[ボイド 17:52〜21:07] 他者との関係に、さらに一歩踏み込めるように。
16	木	プレゼントの日 人から貴重なものを受け取れる。提案を受ける場面も。

17 金
プレゼントの日 ▶ 旅の日 　　　　　　　　　　　　[ボイド 23:15〜23:27]
遠い場所との間に、橋が架かり始める。
◆金星が「ひみつ」のハウスへ。これ以降、純粋な愛情から行動できる。一人の時間の充実も。

18 土
旅の日
遠出したり、遠くから人が訪ねてくれたりする日。発信力も増す。

19 日
旅の日 　　　　　　　　　　　　　　　　　　　　[ボイド 19:35〜]
遠出したり、遠くから人が訪ねてくれたりする日。発信力も増す。
◆水星が「夢と友」のハウスへ。仲間に恵まれる爽やかな季節。友と夢を語れる。

20 月
旅の日 ▶ 達成の日 　　　　　　　　　　　　　　[ボイド 〜00:14]
意欲が湧く。はっきりした成果が出る時間へ。

21 火
達成の日
目標に手が届く。結果が出る日。人から認められる場面も。
◆太陽が「夢と友」のハウスへ。1年のサイクルの中で「友」「未来」に目を向ける季節へ。

22 水
● 達成の日 ▶ 友だちの日 　　　　　　　　　　[ボイド 01:00〜01:03]
肩の力が抜け、伸びやかな気持ちになれる。
🌑「夢と友」のハウスで新月。新しい仲間や友に出会えるとき。夢が生まれる。迷いが晴れる。

23 木
友だちの日
未来のプランを立てる。友だちと過ごせる。チームワーク。
◆冥王星が「旅」のハウスへ。ここから2043年頃にかけ、人生を変えるような旅を重ねることに。

24 金
友だちの日 ▶ ひみつの日 　　　　　　　　　　[ボイド 02:15〜03:44]
ざわめきから少し離れたくなる。自分の時間。

25 土
ひみつの日
一人の時間。過去を振り返り、戦略を練る。自分を大事にする。経済的な「勝負」も。
◆火星が「生産」のハウスへ。ほてりが収まって地に足がつく。経済的な「勝負」も。

26 日
ひみつの日 ▶ スタートの日 　　　　　　　　　[ボイド 01:21〜09:43]
新しいことを始めやすい時間に切り替わる。

27 月
スタートの日
主役の意識で動く。新しい選択肢を選べる。気持ちが切り替わる。

28 火
スタートの日 ▶ お金の日 　　　　　　　　　　[ボイド 10:41〜19:24]
物質面・経済活動が活性化する時間に入る。

29 水
◑ お金の日
いわゆる「金運がいい」日。実入りが良く、いい買い物もできそう。

30 木
お金の日 　　　　　　　　　　　　　　　　　　[ボイド 22:47〜]
いわゆる「金運がいい」日。実入りが良く、いい買い物もできそう。

31 金
お金の日 ▶ メッセージの日 　　　　　　　　　[ボイド 〜07:33]
「動き」が出てくる。コミュニケーションの活性。

4 ·APRIL·

1 土
メッセージの日
待っていた朗報が届く。勉強が捗る。外に出たくなる日。

2 日
メッセージの日 ▶ 家の日　　　　　　　　　　　　　[ボイド 15:05〜19:59]
生活環境や身内に目が向かう。原点回帰。

3 月
家の日
「普段の生活」が充実。身内との関係強化。環境改善ができる。

4 火
家の日　　　　　　　　　　　　　　　　　　　　　[ボイド 22:52〜]
「普段の生活」が充実。身内との関係強化。環境改善ができる。
◆水星が「ひみつ」のハウスへ。思考が深まる。思索、瞑想、誰かの
ための勉強、記録の精査。

5 水
家の日 ▶ 愛の日　　　　　　　　　　　　　　　　[ボイド 〜06:53]
愛の追い風が吹く。好きなことができる。

6 木
○愛の日　　　　　　　　　　　　　　　　　　　　[ボイド 21:44〜]
愛について嬉しいことがある。子育て、趣味、創作にも追い風が。
○「愛」のハウスで満月。愛が「満ちる」「実る」とき。クリエイティブ
な作品の完成。

7 金
愛の日 ▶ メンテナンスの日　　　　　　　　　　　[ボイド 〜15:31]
「やりたいこと」から「やるべきこと」へのシフト。

8 土
メンテナンスの日
生活や心身の故障部分を修理できる。ケアしたり、されたり。

9 日
メンテナンスの日 ▶ 人に会う日　　　　　　　　　[ボイド 18:11〜21:58]
「自分の世界」から「外界」へ出るような節目。

10 月
人に会う日
人に会ったり、会う約束をしたりする日。出会いの気配も。

11 火
人に会う日　　　　　　　　　　　　　　　　　　[ボイド 19:49〜]
人に会ったり、会う約束をしたりする日。出会いの気配も。
◆金星が「自分」のハウスに。あなたの魅力が輝く季節の到来。愛
に恵まれる楽しい日々へ。

12 水
人に会う日 ▶ プレゼントの日　　　　　　　　　　[ボイド 〜02:35]
他者との関係に、さらに一歩踏み込めるように。

13 木
●プレゼントの日　　　　　　　　　　　　　　　　[ボイド 23:16〜]
人から貴重なものを受け取れる。提案を受ける場面も。

14 金
プレゼントの日 ▶ 旅の日　　　　　　　　　　　　[ボイド 〜05:44]
遠い場所との間に、橋が架かり始める。

15 土
旅の日
遠出したり、遠くから人が訪ねてくれたりする日。発信力も増す。

16 日
旅の日 ▶ 達成の日　　　　　　　　　　　　　　　[ボイド 00:17〜07:58]
意欲が湧く。はっきりした成果が出る時間へ。

17	月	達成の日 目標に手が届く。結果が出る日。人から認められる場面も。
18	火	達成の日 ▶ 友だちの日　　　　　　　　　　[ボイド 03:59〜10:11] 肩の力が抜け、伸びやかな気持ちになれる。
19	水	友だちの日 未来のプランを立てる。友だちと過ごせる。チームワーク。
20	木	●友だちの日 ▶ ひみつの日　　　　　　　　[ボイド 13:14〜13:31] ざわめきから少し離れたくなる。自分の時間。 ☽「夢と友」のハウスで日食。友や仲間との特別な出会いがあるかも。新しい夢を見つける。◆太陽が「ひみつ」のハウスへ。新しい1年を目前にしての、振り返りと準備の時期。
21	金	ひみつの日 一人の時間。過去を振り返り、戦略を練る。自分を大事にする。 ◆水星が「ひみつ」のハウスで逆行開始。自問自答を重ねて、謎を解いていく。自己との対話。
22	土	ひみつの日 ▶ スタートの日　　　　　　　　[ボイド 12:43〜19:13] 新しいことを始めやすい時間に切り替わる。
23	日	スタートの日 主役の意識で動く。新しい選択肢を選べる。気持ちが切り替わる。
24	月	スタートの日 主役の意識で動く。新しい選択肢を選べる。気持ちが切り替わる。　　　　　　　　　　　　　　　　　　　　　[ボイド 21:17〜]
25	火	スタートの日 ▶ お金の日　　　　　　　　　[ボイド 〜04:00] 物質面・経済活動が活性化する時間に入る。
26	水	お金の日 いわゆる「金運がいい」日。実入りが良く、いい買い物もできそう。
27	木	お金の日 ▶ メッセージの日　　　　　　　　[ボイド 08:42〜15:31] 「動き」が出てくる。コミュニケーションの活性。
28	金	◑メッセージの日 待っていた朗報が届く。勉強が捗る。外に出たくなる日。
29	土	メッセージの日　　　　　　　　　　　　　　[ボイド 19:54〜] 待っていた朗報が届く。勉強が捗る。外に出たくなる日。
30	日	メッセージの日 ▶ 家の日　　　　　　　　　[ボイド 〜04:01] 生活環境や身内に目が向かう。原点回帰。

5 ·MAY·

1 月　家の日
「普段の生活」が充実。身内との関係強化。環境改善ができる。

2 火　家の日 ▶ 愛の日　　　　　　　　　　　　　　[ボイド 08:54〜15:11]
愛の追い風が吹く。好きなことができる。
◆冥王星が「旅」のハウスで逆行開始。答えの前に、まず謎を発見するための旅。

3 水　愛の日
愛について嬉しいことがある。子育て、趣味、創作にも追い風が。

4 木　愛の日 ▶ メンテナンスの日　　　　　　　　　[ボイド 18:18〜23:34]
「やりたいこと」から「やるべきこと」へのシフト。

5 金　メンテナンスの日
生活や心身の故障部分を修理できる。ケアしたり、されたり。

6 土　○ メンテナンスの日　　　　　　　　　　　　　[ボイド 23:39〜]
生活や心身の故障部分を修理できる。ケアしたり、されたり。
🌙「任務」のハウスで月食。体調や労働が一つのピークを迎えたことで、不思議な変化が。

7 日　メンテナンスの日 ▶ 人に会う日　　　　　　　[ボイド 〜05:06]
「自分の世界」から「外界」へ出るような節目。
◆金星が「生産」のハウスへ。経済活動の活性化、上昇気流。物質的豊かさの開花。

8 月　人に会う日
人に会ったり、会う約束をしたりする日。出会いの気配も。

9 火　人に会う日 ▶ プレゼントの日　　　　　　　　[ボイド 05:30〜08:35]
他者との関係に、さらに一歩踏み込めるように。

10 水　プレゼントの日
人から貴重なものを受け取れる。提案を受ける場面も。

11 木　プレゼントの日 ▶ 旅の日　　　　　　　　　　[ボイド 08:54〜11:07]
遠い場所との間に、橋が架かり始める。

12 金　● 旅の日
遠出したり、遠くから人が訪ねてくれたりする日。発信力も増す。

13 土　旅の日 ▶ 達成の日　　　　　　　　　　　　　[ボイド 12:17〜13:41]
意欲が湧く。はっきりした成果が出る時間へ。

14 日　達成の日
目標に手が届く。結果が出る日。人から認められる場面も。

15 月　達成の日 ▶ 友だちの日　　　　　　　　　　　[ボイド 11:58〜16:57]
肩の力が抜け、伸びやかな気持ちになれる。
◆水星が「ひみつ」のハウスで順行へ。自分の感情への理解が深まる。自分の言葉の発見。

16 火 友だちの日
未来のプランを立てる。友だちと過ごせる。チームワーク。

17 水 友だちの日 ▶ ひみつの日　　　　　　　　　　　[ボイド 18:11〜21:29]
ざわめきから少し離れたくなる。自分の時間。
◆木星が「ひみつ」のハウスへ。大スケールの「自分のための時間」
の到来。純粋な愛の年。

18 木 ひみつの日
一人の時間。過去を振り返り、戦略を練る。自分を大事にする。

19 金 ひみつの日
一人の時間。過去を振り返り、戦略を練る。自分を大事にする。

20 土 ●ひみつの日 ▶ スタートの日　　　　　　　　　[ボイド 02:52〜03:49]
新しいことを始めやすい時間に切り替わる。
☽「ひみつ」のハウスで新月。密かな迷いから解放される。自他を
救うための行動を起こす。

21 日 スタートの日
主役の意識で動く。新しい選択肢を選べる。気持ちが切り替わる。
◆火星が「コミュニケーション」のハウスに。熱いコミュニケーション、
議論。向学心。外に出て動く日々へ。◆太陽が「自分」のハウスへ。
お誕生月の始まり、新しい1年への「扉」を開くとき。

22 月 スタートの日 ▶ お金の日　　　　　　　　　　　[ボイド 07:13〜12:30]
物質面・経済活動が活性化する時間に入る。

23 火 お金の日
いわゆる「金運がいい」日。実入りが良く、いい買い物もできそう。

24 水 お金の日 ▶ メッセージの日　　　　　　　　　　[ボイド 18:14〜23:36]
「動き」が出てくる。コミュニケーションの活性。

25 木 メッセージの日
待っていた朗報が届く。勉強が捗る。外に出たくなる日。

26 金 メッセージの日　　　　　　　　　　　　　　　　[ボイド 15:40〜]
待っていた朗報が届く。勉強が捗る。外に出たくなる日。

27 土 メッセージの日 ▶ 家の日　　　　　　　　　　　[ボイド 〜12:07]
生活環境や身内に目が向かう。原点回帰。

28 日 ◑家の日
「普段の生活」が充実。身内との関係強化。環境改善ができる。

29 月 家の日 ▶ 愛の日　　　　　　　　　　　　　　　[ボイド 18:47〜23:52]
愛の追い風が吹く。好きなことができる。

30 火 愛の日
愛について嬉しいことがある。子育て、趣味、創作にも追い風が。

31 水 愛の日　　　　　　　　　　　　　　　　　　　　[ボイド 23:55〜]
愛について嬉しいことがある。子育て、趣味、創作にも追い風が。

6 ・JUNE・

1	木	愛の日 ▶ メンテナンスの日 [ボイド ～08:47] 「やりたいこと」から「やるべきこと」へのシフト。
2	金	メンテナンスの日 生活や心身の故障部分を修理できる。ケアしたり、されたり。
3	土	メンテナンスの日 ▶ 人に会う日 [ボイド 09:53～14:05] 「自分の世界」から「外界」へ出るような節目。
4	日	○人に会う日 人に会ったり、会う約束をしたりする日。出会いの気配も。 🌙「他者」のハウスで満月。誰かとの一対一の関係が「満ちる」。交渉の成立、契約。
5	月	人に会う日 ▶ プレゼントの日 [ボイド 12:25～16:33] 他者との関係に、さらに一歩踏み込めるように。 ◆金星が「コミュニケーション」のハウスへ。喜びある学び、対話、外出。言葉による優しさ、愛の伝達。
6	火	プレゼントの日 人から貴重なものを受け取れる。提案を受ける場面も。
7	水	プレゼントの日 ▶ 旅の日 [ボイド 13:41～17:43] 遠い場所との間に、橋が架かり始める。
8	木	旅の日 遠出したり、遠くから人が訪ねてくれたりする日。発信力も増す。
9	金	旅の日 ▶ 達成の日 [ボイド 13:25～19:16] 意欲が湧く。はっきりした成果が出る時間へ。
10	土	達成の日 目標に手が届く。結果が出る日。人から認められる場面も。
11	日	◑達成の日 ▶ 友だちの日 [ボイド 22:22～22:22] 肩の力が抜け、伸びやかな気持ちになれる。 ◆逆行中の冥王星が「ギフト」のハウスへ。2008年頃から受け取ってきた大きなギフトを捉え直す時間に。◆水星が「自分」のハウスへ。知的活動が活性化。若々しい気持ち、行動力。発信力の強化。
12	月	友だちの日 未来のプランを立てる。友だちと過ごせる。チームワーク。
13	火	友だちの日 未来のプランを立てる。友だちと過ごせる。チームワーク。
14	水	友だちの日 ▶ ひみつの日 [ボイド 03:28～03:33] ざわめきから少し離れたくなる。自分の時間。
15	木	ひみつの日 一人の時間。過去を振り返り、戦略を練る。自分を大事にする。
16	金	ひみつの日 ▶ スタートの日 [ボイド 10:38～10:47] 新しいことを始めやすい時間に切り替わる。

17 土 スタートの日
主役の意識で動く。新しい選択肢を選べる。気持ちが切り替わる。

18 日 ●スタートの日▶お金の日 [ボイド 15:26〜19:59]
物質面・経済活動が活性化する時間に入る。
◆土星が「目標と結果」のハウスで逆行開始。キャリアに関する
フィードバックを受けとり始める。🌙「自分」のハウスで新月。大切な
ことがスタートする節目。フレッシュな「切り替え」。

19 月 お金の日
いわゆる「金運がいい」日。実入りが良く、いい買い物もできそう。

20 火 お金の日
いわゆる「金運がいい」日。実入りが良く、いい買い物もできそう。

21 水 お金の日▶メッセージの日 [ボイド 06:45〜07:06]
「動き」が出てくる。コミュニケーションの活性。
◆太陽が「生産」のハウスへ。1年のサイクルの中で「物質的・経
済的土台」を整備する。

22 木 メッセージの日
待っていた朗報が届く。勉強が捗る。外に出たくなる日。

23 金 メッセージの日▶家の日 [ボイド 02:02〜19:37]
生活環境や身内に目が向かう。原点回帰。

24 土 家の日
「普段の生活」が充実。身内との関係強化。環境改善ができる。

25 日 家の日
「普段の生活」が充実。身内との関係強化。環境改善ができる。

26 月 ◗家の日▶愛の日 [ボイド 07:26〜07:59]
愛の追い風が吹く。好きなことができる。

27 火 愛の日
愛について嬉しいことがある。子育て、趣味、創作にも追い風が。
◆水星が「生産」のハウスへ。経済活動に知性を活かす。情報収集、
経営戦略。在庫整理。

28 水 愛の日▶メンテナンスの日 [ボイド 17:20〜17:57]
「やりたいこと」から「やるべきこと」へのシフト。

29 木 メンテナンスの日
生活や心身の故障部分を修理できる。ケアしたり、されたり。

30 金 メンテナンスの日 [ボイド 23:22〜]
生活や心身の故障部分を修理できる。ケアしたり、されたり。

1 土
メンテナンスの日 ▶ 人に会う日 [ボイド ～00:01]
「自分の世界」から「外界」へ出るような節目。
◆海王星が「目標と結果」のハウスで逆行開始。名誉やプライドの裏側にある思いに目を向ける。

2 日
人に会う日 [ボイド 22:35～]
人に会ったり、会う約束をしたりする日。出会いの気配も。

3 月
○ 人に会う日 ▶ プレゼントの日 [ボイド ～02:22]
他者との関係に、さらに一歩踏み込めるように。
🌙「ギフト」のハウスで満月。人から「満を持して」手渡されるものがある。他者との融合。

4 火
プレゼントの日
人から貴重なものを受け取れる。提案を受ける場面も。

5 水
プレゼントの日 ▶ 旅の日 [ボイド 01:47～02:32]
遠い場所との間に、橋が架かり始める。

6 木
旅の日 [ボイド 22:43～]
遠出したり、遠くから人が訪ねてくれたりする日。発信力も増す。

7 金
旅の日 ▶ 達成の日 [ボイド ～02:34]
意欲が湧く。はっきりした成果が出る時間へ。

8 土
達成の日
目標に手が届く。結果が出る日。人から認められる場面も。

9 日
達成の日 ▶ 友だちの日 [ボイド 03:24～04:21]
肩の力が抜け、伸びやかな気持ちになれる。

10 月
◐ 友だちの日
未来のプランを立てる。友だちと過ごせる。チームワーク。
◆火星が「家」のハウスへ。居場所を「動かす」時期。環境変化、引越、家族との取り組み。

11 火
友だちの日 ▶ ひみつの日 [ボイド 08:13～08:57]
ざわめきから少し離れたくなる。自分の時間。
◆水星が「コミュニケーション」のハウスへ。知的活動の活性化、コミュニケーションの進展。学習の好機。

12 水
ひみつの日
一人の時間。過去を振り返り、戦略を練る。自分を大事にする。

13 木
ひみつの日 ▶ スタートの日 [ボイド 15:12～16:28]
新しいことを始めやすい時間に切り替わる。

14 金
スタートの日
主役の意識で動く。新しい選択肢を選べる。気持ちが切り替わる。

15 土
スタートの日 [ボイド 21:37～]
主役の意識で動く。新しい選択肢を選べる。気持ちが切り替わる。

16 日 スタートの日 ▶ お金の日 [ボイド 〜02:15]
物質面・経済活動が活性化する時間に入る。

17 月 お金の日
いわゆる「金運がいい」日。実入りが良く、いい買い物もできそう。

18 火 ●お金の日 ▶ メッセージの日 [ボイド 12:08〜13:41]
「動き」が出てくる。コミュニケーションの活性。
☽「生産」のハウスで新月。新しい経済活動をスタートさせる。新しいものを手に入れる。

19 水 メッセージの日
待っていた朗報が届く。勉強が捗る。外に出たくなる日。

20 木 メッセージの日 [ボイド 23:10〜]
待っていた朗報が届く。勉強が捗る。外に出たくなる日。

21 金 メッセージの日 ▶ 家の日 [ボイド 〜02:14]
生活環境や身内に目が向かう。原点回帰。

22 土 家の日
「普段の生活」が充実。身内との関係強化。環境改善ができる。

23 日 家の日 ▶ 愛の日 [ボイド 13:08〜14:56]
愛の追い風が吹く。好きなことができる。
◆金星が「コミュニケーション」のハウスで逆行開始。愛のコミュニケーションを過去へ向かって辿る。◆太陽が「コミュニケーション」のハウスへ。1年のサイクルの中でコミュニケーションを繋ぎ直すとき。

24 月 愛の日
愛について嬉しいことがある。子育て、趣味、創作にも追い風が。

25 火 愛の日
愛について嬉しいことがある。子育て、趣味、創作にも追い風が。

26 水 ●愛の日 ▶ メンテナンスの日 [ボイド 00:07〜01:57]
「やりたいこと」から「やるべきこと」へのシフト。

27 木 メンテナンスの日
生活や心身の故障部分を修理できる。ケアしたり、されたり。

28 金 メンテナンスの日 ▶ 人に会う日 [ボイド 07:38〜09:26]
「自分の世界」から「外界」へ出るような節目。

29 土 人に会う日
人に会ったり、会う約束をしたりする日。出会いの気配も。
◆水星が「家」のハウスへ。来訪者。身近な人との対話。若々しい風が居場所に吹き込む。

30 日 人に会う日 ▶ プレゼントの日 [ボイド 08:53〜12:46]
他者との関係に、さらに一歩踏み込めるように。

31 月 プレゼントの日
人から貴重なものを受け取れる。提案を受ける場面も。

8 ・AUGUST・

1	火	プレゼントの日 ▶ 旅の日	[ボイド 11:14〜12:59]

遠い場所との間に、橋が架かり始める。

---

2 水 ○旅の日

遠出したり、遠くから人が訪ねてくれたりする日。発信力も増す。
🌙「旅」のハウスで満月。遠い場所への扉が「満を持して」開かれる。
遠くまで声が届く。

---

3 木 旅の日 ▶ 達成の日 [ボイド 06:17〜12:07]

意欲が湧く。はっきりした成果が出る時間へ。

---

4 金 達成の日

目標に手が届く。結果が出る日。人から認められる場面も。

---

5 土 達成の日 ▶ 友だちの日 [ボイド 10:22〜12:21]

肩の力が抜け、伸びやかな気持ちになれる。

---

6 日 友だちの日

未来のプランを立てる。友だちと過ごせる。チームワーク。

---

7 月 友だちの日 ▶ ひみつの日 [ボイド 13:14〜15:26]

ざわめきから少し離れたくなる。自分の時間。

---

8 火 ◐ひみつの日

一人の時間。過去を振り返り、戦略を練る。自分を大事にする。

---

9 水 ひみつの日 ▶ スタートの日 [ボイド 19:40〜22:07]

新しいことを始めやすい時間に切り替わる。

---

10 木 スタートの日

主役の意識で動く。新しい選択肢を選べる。気持ちが切り替わる。

---

11 金 スタートの日

主役の意識で動く。新しい選択肢を選べる。気持ちが切り替わる。

---

12 土 スタートの日 ▶ お金の日 [ボイド 02:29〜07:54]

物質面・経済活動が活性化する時間に入る。

---

13 日 お金の日

いわゆる「金運がいい」日。実入りが良く、いい買い物もできそう。

---

14 月 お金の日 ▶ メッセージの日 [ボイド 16:48〜19:38]

「動き」が出てくる。コミュニケーションの活性。

---

15 火 メッセージの日

待っていた朗報が届く。勉強が捗る。外に出たくなる日。

---

16 水 ●メッセージの日 [ボイド 18:40〜]

待っていた朗報が届く。勉強が捗る。外に出たくなる日。
🌙「コミュニケーション」のハウスで新月。新しいコミュニケーション
が始まる。学び始める。朗報も。

---

17 木 メッセージの日 ▶ 家の日 [ボイド 〜08:16]

生活環境や身内に目が向かう。原点回帰。

18	金	家の日 「普段の生活」が充実。身内との関係強化。環境改善ができる。
19	土	家の日 ▶ 愛の日　　　　　　　　　　　　　　[ボイド 17:52〜20:55] 愛の追い風が吹く。好きなことができる。
20	日	愛の日 愛について嬉しいことがある。子育て、趣味、創作にも追い風が。
21	月	愛の日 愛について嬉しいことがある。子育て、趣味、創作にも追い風が。
22	火	愛の日 ▶ メンテナンスの日　　　　　　　　　[ボイド 05:33〜08:24] 「やりたいこと」から「やるべきこと」へのシフト。
23	水	メンテナンスの日 生活や心身の故障部分を修理できる。ケアしたり、されたり。 ◆太陽が「家」のハウスへ。1年のサイクルの中で「居場所・家・心」を整備し直すとき。
24	木	◐メンテナンスの日 ▶ 人に会う日　　　　　　[ボイド 14:12〜17:09] 「自分の世界」から「外界」へ出るような節目。 ◆水星が「家」のハウスで逆行開始。家族や身近な人にじっくり時間と労力を注ぐ時間へ。
25	金	人に会う日 人に会ったり、会う約束をしたりする日。出会いの気配も。
26	土	人に会う日 ▶ プレゼントの日　　　　　　　　[ボイド 20:58〜22:07] 他者との関係に、さらに一歩踏み込めるように。
27	日	プレゼントの日 人から貴重なものを受け取れる。提案を受ける場面も。 ◆火星が「愛」のハウスへ。情熱的な愛、積極的自己表現。愛と理想のための戦い。
28	月	プレゼントの日 ▶ 旅の日　　　　　　　　　　[ボイド 20:51〜23:33] 遠い場所との間に、橋が架かり始める。
29	火	旅の日 遠出したり、遠くから人が訪ねてくれたりする日。発信力も増す。 ◆天王星が「ひみつ」のハウスで逆行開始。なくしたカギや迷路の出口を探し始める。
30	水	旅の日 ▶ 達成の日　　　　　　　　　　　　　[ボイド 12:06〜22:58] 意欲が湧く。はっきりした成果が出る時間へ。
31	木	○達成の日 目標に手が届く。結果が出る日。人から認められる場面も。 ☾「目標と結果」のハウスで満月。目標達成のとき。社会的立場が一段階上がるような節目。

9 ・SEPTEMBER・

1	金	達成の日 ▶ 友だちの日 [ボイド 19:37〜22:26] 肩の力が抜け、伸びやかな気持になれる。
2	土	友だちの日 未来のプランを立てる。友だちと過ごせる。チームワーク。
3	日	友だちの日 [ボイド 20:58〜] 未来のプランを立てる。友だちと過ごせる。チームワーク。
4	月	友だちの日 ▶ ひみつの日 [ボイド 〜00:01] ざわめきから少し離れたくなる。自分の時間。 ◆金星が「コミュニケーション」のハウスで順行へ。愛のコミュニケーションが再開する。好奇心の復活。◆木星が「ひみつ」のハウスで逆行開始。成長の手掛かりとなる「疑問」を増やしていくとき。
5	火	ひみつの日 一人の時間。過去を振り返り、戦略を練る。自分を大事にする。
6	水	ひみつの日 ▶ スタートの日 [ボイド 01:48〜05:08] 新しいことを始めやすい時間に切り替わる。
7	木	◑ スタートの日 主役の意識で動く。新しい選択肢を選べる。気持ちが切り替わる。
8	金	スタートの日 ▶ お金の日 [ボイド 07:23〜14:01] 物質面・経済活動が活性化する時間に入る。
9	土	お金の日 いわゆる「金運がいい」日。実入りが良く、いい買い物もできそう。
10	日	お金の日 [ボイド 21:49〜] いわゆる「金運がいい」日。実入りが良く、いい買い物もできそう。
11	月	お金の日 ▶ メッセージの日 [ボイド 〜01:38] 「動き」が出てくる。コミュニケーションの活性。
12	火	メッセージの日 待っていた朗報が届く。勉強が捗る。外に出たくなる日。
13	水	メッセージの日 ▶ 家の日 [ボイド 00:07〜14:20] 生活環境や身内に目が向かう。原点回帰。
14	木	家の日 「普段の生活」が充実。身内との関係強化。環境改善ができる。
15	金	● 家の日 [ボイド 22:51〜] 「普段の生活」が充実。身内との関係強化。環境改善ができる。 🌙「家」のハウスで新月。心の置き場所が新たに定まる。日常に新しい風が吹き込む。
16	土	家の日 ▶ 愛の日 [ボイド 〜02:46] 愛の追い風が吹く。好きなことができる。 ◆水星が「家」のハウスで順行へ。居場所での物事の流れがスムーズになる。家族の声。

17	日	愛の日
		愛について嬉しいことがある。子育て、趣味、創作にも追い風が。

18	月	愛の日 ▶ メンテナンスの日 [ボイド 10:08〜14:00]
		「やりたいこと」から「やるべきこと」へのシフト。

19	火	メンテナンスの日
		生活や心身の故障部分を修理できる。ケアしたり、されたり。

20	水	メンテナンスの日 ▶ 人に会う日 [ボイド 19:23〜23:08]
		「自分の世界」から「外界」へ出るような節目。

21	木	人に会う日
		人に会ったり、会う約束をしたりする日。出会いの気配も。

22	金	人に会う日
		人に会ったり、会う約束をしたりする日。出会いの気配も。

23	土	●人に会う日 ▶ プレゼントの日 [ボイド 04:33〜05:22]
		他者との関係に、さらに一歩踏み込めるように。
		◆太陽が「愛」のハウスへ。1年のサイクルの中で「愛・喜び・創造性」を再生するとき。

24	日	プレゼントの日
		人から貴重なものを受け取れる。提案を受ける場面も。

25	月	プレゼントの日 ▶ 旅の日 [ボイド 05:07〜08:31]
		遠い場所との間に、橋が架かり始める。

26	火	旅の日 [ボイド 21:40〜]
		遠出したり、遠くから人が訪ねてくれたりする。発信力も増す。

27	水	旅の日 ▶ 達成の日 [ボイド 〜09:20]
		意欲が湧く。はっきりした成果が出る時間へ。

28	木	達成の日
		目標に手が届く。結果が出る日。人から認められる場面も。

29	金	○達成の日 ▶ 友だちの日 [ボイド 05:59〜09:19]
		肩の力が抜け、伸びやかな気持ちになれる。
		☽「夢と友」のハウスで満月。希望してきた条件が整う。友や仲間への働きかけが「実る」。

30	土	友だちの日
		未来のプランを立てる。友だちと過ごせる。チームワーク。

10 ・OCTOBER・

1	日	友だちの日 ▶ ひみつの日	[ボイド 06:51〜10:20]

ざわめきから少し離れたくなる。自分の時間。

| **2** | 月 | ひみつの日 |

一人の時間。過去を振り返り、戦略を練る。自分を大事にする。

| **3** | 火 | ひみつの日 ▶ スタートの日 | [ボイド 10:21〜14:05] |

新しいことを始めやすい時間に切り替わる。

| **4** | 水 | スタートの日 |

主役の意識で動く。新しい選択肢を選べる。気持ちが切り替わる。

| **5** | 木 | スタートの日 ▶ お金の日 | [ボイド 15:36〜21:33] |

物質面・経済活動が活性化する時間に入る。
◆水星が「愛」のハウスへ。愛に関する学び、教育。若々しい創造性、遊び。知的創造。

| **6** | 金 | ●お金の日 |

いわゆる「金運がいい」日。実入りが良く、いい買い物もできそう。

| **7** | 土 | お金の日 |

いわゆる「金運がいい」日。実入りが良く、いい買い物もできそう。

| **8** | 日 | お金の日 ▶ メッセージの日 | [ボイド 04:13〜08:26] |

「動き」が出てくる。コミュニケーションの活性。

| **9** | 月 | メッセージの日 |

待っていた朗報が届く。勉強が捗る。外に出たくなる日。
◆金星が「家」のハウスへ。身近な人とのあたたかな交流。愛着。居場所を美しくする。

| **10** | 火 | メッセージの日 ▶ 家の日 | [ボイド 18:38〜21:03] |

生活環境や身内に目が向かう。原点回帰。

| **11** | 水 | 家の日 |

「普段の生活」が充実。身内との関係強化。環境改善ができる。
◆冥王星が「ギフト」のハウスで順行へ。欲望や「受け取ること」に関する肯定感の再生。

| **12** | 木 | 家の日 |

「普段の生活」が充実。身内との関係強化。環境改善ができる。
◆火星が「任務」のハウスへ。多忙期へ。長く走り続けるための必要条件を、戦って勝ち取る。

| **13** | 金 | 家の日 ▶ 愛の日 | [ボイド 05:12〜09:24] |

愛の追い風が吹く。好きなことができる。

| **14** | 土 | 愛の日 |

愛について嬉しいことがある。子育て、趣味、創作にも追い風が。

| **15** | 日 | ●愛の日 ▶ メンテナンスの日 | [ボイド 16:03〜20:06] |

「やりたいこと」から「やるべきこと」へのシフト。
☽「愛」のハウスで日食。愛が特別な形で「生まれかわる」かも。創造性の再生。

16 月 メンテナンスの日
生活や心身の故障部分を修理できる。ケアしたり、されたり。

17 火 メンテナンスの日
生活や心身の故障部分を修理できる。ケアしたり、されたり。

18 水 メンテナンスの日 ▶ 人に会う日 [ボイド 00:45〜04:38]
「自分の世界」から「外界」へ出るような節目。

19 木 人に会う日
人に会ったり、会う約束をしたりする日。出会いの気配も。

20 金 人に会う日 ▶ プレゼントの日 [ボイド 04:04〜10:56]
他者との関係に、さらに一歩踏み込めるように。

21 土 プレゼントの日
人から貴重なものを受け取れる。提案を受ける場面も。

22 日 ◑ プレゼントの日 ▶ 旅の日 [ボイド 15:02〜15:08]
遠い場所との間に、橋が架かり始める。
◆水星が「任務」のハウスへ。日常生活の整理、整備。健康チェック。心身の調律。

23 月 旅の日
遠出したり、遠くから人が訪ねてくれたりする日。発信力も増す。

24 火 旅の日 ▶ 達成の日 [ボイド 04:06〜17:35]
意欲が湧く。はっきりした成果が出る時間へ。
◆太陽が「任務」のハウスへ。1年のサイクルの中で「健康・任務・日常」を再構築するとき。

25 水 達成の日
目標に手が届く。結果が出る日。人から認められる場面も。

26 木 達成の日 ▶ 友だちの日 [ボイド 15:41〜19:03]
肩の力が抜け、伸びやかな気持になれる。

27 金 友だちの日
未来のプランを立てる。友だちと過ごせる。チームワーク。

28 土 友だちの日 ▶ ひみつの日 [ボイド 17:21〜20:46]
ざわめきから少し離れたくなる。自分の時間。

29 日 ○ ひみつの日
一人の時間。過去を振り返り、戦略を練る。自分を大事にする。
☽「ひみつ」のハウスで月食。心の中で不思議な「解放」が起こりそう。精神的脱皮。

30 月 ひみつの日 [ボイド 20:37〜]
一人の時間。過去を振り返り、戦略を練る。自分を大事にする。

31 火 ひみつの日 ▶ スタートの日 [ボイド 〜00:09]
新しいことを始めやすい時間に切り替わる。

11 • NOVEMBER •

1 水　スタートの日　　　　　　　　　　　　　　　　　　[ボイド 21:38〜]
主役の意識で動く。新しい選択肢を選べる。気持ちが切り替わる。

2 木　スタートの日 ▶ お金の日　　　　　　　　　　　　　[ボイド 〜06:32]
物質面・経済活動が活性化する時間に入る。

3 金　お金の日
いわゆる「金運がいい」日。実入りが良く、いい買い物もできそう。

4 土　お金の日 ▶ メッセージの日　　　　　　　　　　　[ボイド 12:29〜16:23]
「動き」が出てくる。コミュニケーションの活性。
◆土星が「目標と結果」のハウスで順行へ。社会的役割という城の
建設の再開。階段をのぼり出す。

5 日　◐ メッセージの日
待っていた朗報が届く。勉強が捗る。外に出たくなる日。

6 月　メッセージの日　　　　　　　　　　　　　　　　　[ボイド 16:27〜]
待っていた朗報が届く。勉強が捗る。外に出たくなる日。

7 火　メッセージの日 ▶ 家の日　　　　　　　　　　　　[ボイド 〜04:41]
生活環境や身内に目が向かう。原点回帰。

8 水　家の日
「普段の生活」が充実。身内との関係強化。環境改善ができる。
◆金星が「愛」のハウスへ。華やかな愛の季節の始まり。創造的活
動への強い追い風。

9 木　家の日 ▶ 愛の日　　　　　　　　　　　　　　　　[ボイド 13:57〜17:10]
愛の追い風が吹く。好きなことができる。

10 金　愛の日
愛について嬉しいことがある。子育て、趣味、創作にも追い風が。
◆水星が「他者」のハウスへ。正面から向き合う対話。調整のため
の交渉。若い人との出会い。

11 土　愛の日
愛について嬉しいことがある。子育て、趣味、創作にも追い風が。

12 日　愛の日 ▶ メンテナンスの日　　　　　　　　　　[ボイド 00:07〜03:41]
「やりたいこと」から「やるべきこと」へのシフト。

13 月　● メンテナンスの日
生活や心身の故障部分を修理できる。ケアしたり、されたり。
☽「任務」のハウスで新月。新しい生活習慣、新しい任務がスタート
するとき。体調の調整。

14 火　メンテナンスの日 ▶ 人に会う日　　　　　　　　[ボイド 08:05〜11:25]
「自分の世界」から「外界」へ出るような節目。

15 水　人に会う日
人に会ったり、会う約束をしたりする。出会いの気配も。

16 木　人に会う日 ▶ プレゼントの日　　　　　　　　　　[ボイド 07:59〜16:43]
他者との関係に、さらに一歩踏み込めるように。

17 金　プレゼントの日
人から貴重なものを受け取れる。提案を受ける場面も。

18 土　プレゼントの日 ▶ 旅の日　　　　　　　　　　　　[ボイド 17:29〜20:29]
遠い場所との間に、橋が架かり始める。

19 日　旅の日
遠出したり、遠くから人が訪ねてくれたりする日。発信力も増す。

20 月　◗ 旅の日 ▶ 達成の日　　　　　　　　　　　　　[ボイド 19:52〜23:31]
意欲が湧く。はっきりした成果が出る時間へ。

21 火　達成の日
目標に手が届く。結果が出る日。人から認められる場面も。

22 水　達成の日
目標に手が届く。結果が出る日。人から認められる場面も。
◆太陽が「他者」のハウスへ。1年のサイクルの中で人間関係を「結び直す」とき。

23 木　達成の日 ▶ 友だちの日　　　　　　　　　　　　[ボイド 00:11〜02:21]
肩の力が抜け、伸びやかな気持になれる。

24 金　友だちの日
未来のプランを立てる。友だちと過ごせる。チームワーク。
◆火星が「他者」のハウスへ。摩擦を怖れぬ対決。一対一の勝負。攻めの交渉。他者からの刺激。

25 土　友だちの日 ▶ ひみつの日　　　　　　　　　　　[ボイド 02:42〜05:30]
ざわめきから少し離れたくなる。自分の時間。

26 日　ひみつの日
一人の時間。過去を振り返り、戦略を練る。自分を大事にする。

27 月　○ ひみつの日 ▶ スタートの日　　　　　　　　　[ボイド 06:53〜09:42]
新しいことを始めやすい時間に切り替わる。
◗「自分」のハウスで満月。現在の自分を受け入れられる。誰かに受け入れてもらえる。

28 火　スタートの日
主役の意識で動く。新しい選択肢を選べる。気持ちが切り替わる。

29 水　スタートの日 ▶ お金の日　　　　　　　　　　　[ボイド 10:05〜15:55]
物質面・経済活動が活性化する時間に入る。

30 木　お金の日
いわゆる「金運がいい」日。実入りが良く、いい買い物もできそう。

12 ·DECEMBER·

1 金
お金の日 　　　　　　　　　　　　　　　　　　　　[ボイド 22:08〜]
いわゆる「金運がいい」日。実入りが良く、いい買い物もできそう。
◆水星が「ギフト」のハウスへ。利害のマネジメント。コンサルテーション。カウンセリング。

2 土
お金の日 ▶ メッセージの日 　　　　　　　　　　　　　[ボイド 〜01:02]
「動き」が出てくる。コミュニケーションの活性。

3 日
メッセージの日
待っていた朗報が届く。勉強が捗る。外に出たくなる日。

4 月
メッセージの日 ▶ 家の日 　　　　　　　　　　　　　　[ボイド 11:13〜12:52]
生活環境や身内に目が向かう。原点回帰。

5 火
◑家の日
「普段の生活」が充実。身内との関係強化。環境改善ができる。
◆金星が「任務」のハウスへ。美しい生活スタイルの実現。美のための習慣。楽しい仕事。

6 水
家の日 　　　　　　　　　　　　　　　　　　　　　[ボイド 22:52〜]
「普段の生活」が充実。身内との関係強化。環境改善ができる。
◆海王星が「目標と結果」のハウスで順行へ。仕事や社会的活動が不思議な順風に乗り始める。

7 木
家の日 ▶ 愛の日 　　　　　　　　　　　　　　　　　[ボイド 〜01:36]
愛の追い風が吹く。好きなことができる。

8 金
愛の日
愛について嬉しいことがある。子育て、趣味、創作にも追い風が。

9 土
愛の日 ▶ メンテナンスの日 　　　　　　　　　　　　　[ボイド 10:07〜12:36]
「やりたいこと」から「やるべきこと」へのシフト。

10 日
メンテナンスの日
生活や心身の故障部分を修理できる。ケアしたり、されたり。

11 月
メンテナンスの日 ▶ 人に会う日 　　　　　　　　　　　[ボイド 17:59〜20:13]
「自分の世界」から「外界」へ出るような節目。

12 火
人に会う日
人に会ったり、会う約束をしたりする日。出会いの気配も。

13 水
●人に会う日 　　　　　　　　　　　　　　　　　　　[ボイド 15:50〜]
人に会ったり、会う約束をしたりする日。出会いの気配も。
☽「他者」のハウスで新月。出会いのとき。誰かとの関係が刷新。未来への約束を交わす。◆水星が「ギフト」のハウスで逆行開始。経済的関係の調整。貸し借りの精算。「お礼・お返し」。

14 木
人に会う日 ▶ プレゼントの日 　　　　　　　　　　　　[ボイド 〜00:33]
他者との関係に、さらに一歩踏み込めるように。

15 金
プレゼントの日
人から貴重なものを受け取れる。提案を受ける場面も。

16 土 プレゼントの日 ▶ 旅の日　　　　　　　　　　　[ボイド 01:05〜02:58]
遠い場所との間に、橋が架かり始める。

17 日 旅の日　　　　　　　　　　　　　　　　　[ボイド 21:05〜]
遠出したり、遠くから人が訪ねてくれたりする日。発信力も増す。

18 月 旅の日 ▶ 達成の日　　　　　　　　　　　　[ボイド 〜05:00]
意欲が湧く。はっきりした成果が出る時間へ。

19 火 達成の日
目標に手が届く。結果が出る日。人から認められる場面も。

20 水 ●達成の日 ▶ 友だちの日　　　　　　　　　[ボイド 06:05〜07:48]
肩の力が抜け、伸びやかな気持になれる。

21 木 友だちの日
未来のプランを立てる。友だちと過ごせる。チームワーク。

22 金 友だちの日 ▶ ひみつの日　　　　　　　　[ボイド 11:49〜11:52]
ざわめきから少し離れたくなる。自分の時間。
◆太陽が「ギフト」のハウスへ。1年のサイクルの中で経済的授受のバランスを見直すとき。

23 土 ひみつの日
一人の時間。過去を振り返り、戦略を練る。自分を大事にする。
◆逆行中の水星が「他者」のハウスに。「再会」のチャンス。誰かとの関係の再構築へ。

24 日 ひみつの日 ▶ スタートの日　　　　　　　[ボイド 15:41〜17:16]
新しいことを始めやすい時間に切り替わる。

25 月 スタートの日
主役の意識で動く。新しい選択肢を選べる。気持ちが切り替わる。

26 火 スタートの日　　　　　　　　　　　　　[ボイド 16:57〜]
主役の意識で動く。新しい選択肢を選べる。気持ちが切り替わる。

27 水 ○スタートの日 ▶ お金の日　　　　　　　　[ボイド 〜00:17]
物質面・経済活動が活性化する時間に入る。
☽「生産」のハウスで満月。経済的・物質的な努力が実り、収穫が得られる。豊かさ、満足。

28 木 お金の日
いわゆる「金運がいい」日。実入りが良く、いい買い物もできそう。

29 金 お金の日 ▶ メッセージの日　　　　　　　[ボイド 07:59〜09:25]
「動き」が出てくる。コミュニケーションの活性。

30 土 メッセージの日
待っていた朗報が届く。勉強が捗る。外に出たくなる日。
◆金星が「他者」のハウスへ。人間関係から得られる喜び。愛あるパートナーシップ。

31 日 メッセージの日 ▶ 家の日　　　　　　　　[ボイド 14:20〜20:55]
生活環境や身内に目が向かう。原点回帰。
◆木星が「ひみつ」のハウスで順行へ。たくさんの問いに答えていく作業が始まる。

参考　カレンダー解説の文字・線の色

あなたの星座にとって星の動きがどんな意味を
持つか、わかりやすくカレンダーに書き込んで
みたのが、P.89からの「カレンダー解説」です。
色分けは厳密なものではありませんが、だいた
い以下のようなイメージで分けられています。

―――― **赤色**
インパクトの強い出来事、意欲や情熱、
パワーが必要な場面。

―――― 水色
ビジネスや勉強、コミュニケーションなど、
知的な活動に関すること。

―――― **紺色**
重要なこと、長期的に大きな意味のある変化。
精神的な変化、健康や心のケアに関すること。

―――― 緑色
居場所、家族に関すること。

―――― **ピンク色**
愛や人間関係に関すること。嬉しいこと。

―――― オレンジ色
経済活動、お金に関すること。

双子座 2023年の
カレンダー解説

● 解説の文字・線の色のイメージは P.88 をご参照下さい ●

1 · JANUARY ·

mon	tue	wed	thu	fri	sat	sun
						1
2	③	4	5	6	7	8
9	10	11	12	13	14	15
16	17	18	19	20	21	22
23	24	25	26	㉗	28	29
30	31					

2022/8/20–3/25 熱い「勝負」の季節が続く。自分との闘い、大きな目標に向かう闘い。自分を変えたい人にとっては、大きなチャンス。

1/3–1/27 勉強や発信など知的活動を心から楽しめる時。続けてきたことがある人は、ここでその継続の果実の甘みを味わえる。

1/27–2/20 キラキラのチャンスが巡ってくる。2022年前半に蒔いた種から出たたくさんの芽を、すくすく育てていける時間。

2 · FEBRUARY ·

mon	tue	wed	thu	fri	sat	sun
		1	2	3	4	5
⑥	7	8	9	10	11	12
13	14	15	16	17	18	19
20	21	22	23	24	25	26
27	28					

2/6 特別な朗報が飛び込んでくるかも。素晴らしいコミュニケーションが広がる。

2/11–3/3 爽やかな追い風が吹く季節。行動範囲が広がり、信用が増す。「積み上げ」ができる。

3 ・MARCH・

mon	tue	wed	thu	fri	sat	sun
		1	2	3	4	5
6	⑦	8	9	10	11	12
13	14	15	16	17	18	19
20	21	22	㉓	24	㉕	26
27	28	29	30	31		

3/7 ここから2026年頃にかけて、社会的立場が一気に重みを増す。長い階段を上り、立つべき場所に立つ。それを象徴するような出来事が、この日の前後に起こるかも。

3/23 非常に長期的な学びの変容が始まる。未知の世界への好奇心が強まる。

3/25-5/21 経済活動が大きく動く時。自分の欲望を乗りこなす工夫が必要になるかも。

4 ・APRIL・

mon	tue	wed	thu	fri	sat	sun
					1	2
3	4	5	⑥	7	8	9
10	11	12	13	14	15	16
17	18	19	20	21	22	23
24	25	26	27	28	29	30

4/6 「愛が満ちる・実る」時。愛についての努力が実を結ぶ。嬉しいことが起こりそう。

4/11-5/7 キラキラの愛の季節。楽しいことが増える。脚光を浴びる人も。

4/21-5/15 過去を振り返ることで、これからの準備ができる時。過去からの贈り物を受け取れる。

5 ·MAY·

mon	tue	wed	thu	fri	sat	sun
1	2	3	4	5	6	7
8	9	10	11	12	13	14
15	16	⑰	18	19	20	21
22	23	24	25	26	27	28
29	30	31				

5/7-5/21　経済活動が一気に動く時。欲しいものを手に入れるために積極的にアクションを起こせる。

5/17-2024/5/26　過去にやり残したことに再度挑戦できるかも。長年抱えている問題に向き合える。

6 ·JUNE·

mon	tue	wed	thu	fri	sat	sun
			1	2	3	4
5	6	7	8	9	10	11
12	13	14	15	16	17	⑱
19	20	21	22	23	24	25
26	27	28	29	30		

6/5-7/10　フットワークで勝負できる時。勉強やコミュニケーションに力がこもり、とても楽しくなる。10/9頃まで、盛り上がりが続くかも。

6/11-6/27　絶好調の季節。持ち味を出しやすい。とにかくよく動ける。たくさんの人が声をかけてくれるかも。

6/18　特別なスタートのタイミング。迷いや悩みをひとまず棚に上げて、「動こう！」と思えそう。

7 · JULY ·

mon	tue	wed	thu	fri	sat	sun
					1	2
3	4	5	6	7	8	9
⑩	11	12	13	14	15	16
17	18	19	20	21	22	23
24	25	26	27	28	29	30
31						

7/10–8/27 「居場所が動く」時。引っ越しや家族構成の変化など、かなり大きな動きも。

7/29–8/27 特に家族や身近な人、居場所について変化の振り幅が大きい時。周囲のためにできることがある。「家族会議」のような場面も。心の置き場所を創造できる。

8 · AUGUST ·

mon	tue	wed	thu	fri	sat	sun
	1	2	3	4	5	6
7	8	9	10	11	12	13
14	15	16	17	18	19	20
21	22	23	㉔	25	26	27
28	29	30	31			

8/24–9/16 少しペースダウンする。立ち止まったり振り返ったりするところに、発見がある。

8/27–10/12 好きなことにガンガン打ち込める時。クリエイティブな季節。普段なら諦めるような場面でも、敢えて意見を通そうとするような勇気が湧く。

9 · SEPTEMBER ·

mon	tue	wed	thu	fri	sat	sun
				1	2	3
④	5	6	7	8	9	10
11	12	13	14	15	⑯	17
18	19	20	21	22	23	24
25	26	27	28	29	30	

9/4 インプットとアウトプットの流れが反転しそう。たとえば聞き役から語り手へ、発信から学びへ、といったシフトが起こるかも。

9/16 8月下旬頃から不調や停滞感に耐えていた人は、このあたりで抜け出せそう。引きこもり状態から脱する人も。家族とのコミュニケーションも混乱から正常化へ向かう。

10 · OCTOBER ·

mon	tue	wed	thu	fri	sat	sun
						1
2	3	4	5	6	7	8
9	10	11	⑫	13	14	⑮
16	17	18	19	20	21	22
23	24	25	26	27	28	㉙
30	31					

10/12–11/24 熱い忙しさに包まれる。やるべきことが盛りだくさん。役目を果たし、強いやりがいを感じられる。

10/15 「愛のミラクル」が起こりそう。夢中になれることに出会える。

10/29 大きな問題が解決するかも。古い難問が片づく。邪魔だったものを撤去できる。

11 •NOVEMBER•

mon	tue	wed	thu	fri	sat	sun
		1	2	3	4	5
6	7	8	9	10	11	12
13	14	15	16	17	18	19
20	21	22	23	24	25	26
㉗	28	29	30			

11/8–12/5　素晴らしい愛の季節。大恋愛をする人、愛に「救われる」人も。クリエイティブな活動に取り組んでいる人には、大チャンスの気配が。

11/10–2024/1/23　人間関係が盛り上がる。いろいろな人とゆたかに関われる。2022年夏から2023年春にぶつかり合った相手と、ここで深い信頼関係を築く、といった展開も。

11/27　頑張ってきたことが実を結ぶ時。目指してきた場所に立てる。脱皮の時。

12 •DECEMBER•

mon	tue	wed	thu	fri	sat	sun
				1	2	3
4	5	6	7	8	9	10
11	12	⑬	14	15	16	17
18	19	20	21	22	23	24
25	26	27	28	29	30	31

12/13　特別な出会いの時。刺激的な出会い、情熱的な出会い。大事な交渉のスタート。

12/13　これ以降、粘り強さが物を言う。観察力、洞察力、時間をかける力を活かしたい。

2023年のプチ占い（天秤座〜魚座）

天秤座（9/24-10/23生まれ）

「出会いの時間」が5月まで続く。公私ともに素敵な出会い・関わりに恵まれる。パートナーを得る人も。6月から10月上旬は交友関係に愛が満ちる。視野が広がり、より大きな場に立つことになる年。

蠍座（10/24-11/22生まれ）

特別な「縁」が結ばれる年。不思議な経緯、意外な展開で、公私ともに新しい関わりが増えていく。6月から10月上旬、キラキラのチャンスが巡ってきそう。嬉しい役割を得て、楽しく活躍できる年。

射手座（11/23-12/21生まれ）

年の前半は「愛と創造の時間」の中にある。誰かとの真剣勝負に挑んでいる人も。年の半ばを境に、「役割を作る」時間に入る。新たな任務を得ることになりそう。心身の調子が上向く。楽しい冒険旅行も。

山羊座（12/22-1/20生まれ）

「居場所を作る」時間が5月まで続く。新たな住処を得る人、家族を得る人も。5月以降は「愛と創造の時間」へ。自分自身を解放するような、大きな喜びを味わえそう。経済的にも上昇気流が生じる。

水瓶座（1/21-2/19生まれ）

2020年頃からのプレッシャーから解放される。孤独感が和らぎ、日々を楽しむ余裕を持てる。5月以降は素晴らしい愛と創造の時間へ。人を愛することの喜び、何かを生み出すことの喜びに満ちる。

魚座（2/20-3/20生まれ）

強い意志をもって行動できる年。時間をかけてやり遂げたいこと、大きなテーマに出会う。経済的に強い追い風が吹く。年の半ば以降、素晴らしいコミュニケーションが生まれる。自由な学びの年。

（※牡羊座〜乙女座はP.30）

星のサイクル
冥王星

✤ 冥王星のサイクル

　2023年3月、冥王星が山羊座から水瓶座へと移動を開始します。この後も逆行・順行を繰り返しながら進むため、完全に移動が完了するのは2024年ですが、この3月から既に「水瓶座冥王星時代」に第一歩を踏み出すことになります。冥王星が山羊座入りしたのは2008年、それ以来の時間が、新しい時間へと移り変わってゆくのです。冥王星は根源的な変容、破壊と再生、隠された富、深い欲望などを象徴する星です。2008年はリーマン・ショックで世界が震撼した年でしたが、2023年から2024年もまた、時代の節目となるような象徴的な出来事が起こるのかもしれません。この星が星座から星座へと移動する時、私たちの人生にはどんな変化が感じられるでしょうか。次のページでは冥王星のサイクルを年表で表現し、続くページで各時代があなたの星座にとってどんな意味を持つか、少し詳しく説明しました。そしてさらに肝心の、2023年からの「水瓶座冥王星時代」があなたにとってどんな時間になるか、考えてみたいと思います。

◆◇○○◆○○◇◆○○◇◆○◇◆○○◇◆○○◇◆○○◇◆○○◇◆○◇◆○○◇◆○○◇◆○○◇◆○◇◆

冥王星のサイクル年表（詳しくは次のページへ）

時　期	双子座のあなたにとってのテーマ
1912年 - 1939年	経済力、価値観、欲望の根本的再生
1937年 - 1958年	コミュニケーションの「迷路」を抜けてゆく
1956年 - 1972年	精神の最深部への下降、子供だった自分との再会
1971年 - 1984年	愛や創造的活動を通して、「もう一人の自分」に出会う
1983年 - 1995年	「生活」の根源的ニーズを発見する
1995年 - 2008年	他者との出会いにより、人生が変わる
2008年 - 2024年	他者の人生と自分の人生の結節点・融合点
2023年 - 2044年	「外部」への出口を探し当てる
2043年 - 2068年	人生全体を賭けられる目標を探す
2066年 - 2097年	友情、社会的生活の再発見
2095年 - 2129年	内面化された規範意識との対決
2127年 - 2159年	キャラクターの再構築

※時期について／冥王星は順行・逆行を繰り返すため、星座の境界線を何度か往復してから移動を完了する。上記の表で、開始時は最初の移動のタイミング、終了時は移動完了のタイミング。

◆◇○○◆○○◇◆○○◇◆○◇◆○○◇◆○○◇◆○○◇◆○○◇◆○◇◆○○◇◆○○◇◆○◇◆

◆ 1912-1939年　経済力、価値観、欲望の根本的再生

乗り物もない遠方で、突然自分の手では運べないほどの宝物を贈られたら、どうすればいいでしょうか。たとえばそんな課題から変容のプロセスがスタートします。強烈な欲望の体験、膨大な富との接触、その他様々な「所有・獲得」の激しい体験を通して、欲望や価値観自体が根源的に変化する時です。

◆ 1937-1958年　コミュニケーションの「迷路」を抜けてゆく

これまで疑問を感じなかったことに、いちいち「?」が浮かぶようになります。「そういうものなのだ」と思い込んでいたことへの疑念が生活の随所に浮上します。そこから思考が深まり、言葉が深みを増し、コミュニケーションが迷路に入り込みます。この迷路を抜けたところに、知的変容が完成します。

◆ 1956-1972年　精神の最深部への下降、子供だった自分との再会

不意に子供の頃の思い出と感情がよみがえり、その思いに飲み込まれるような状態になりやすい時です。心の階段を一段一段降りてゆき、より深い精神的世界へと触れることになります。この体験を通して、現代の家庭生活や人間関係、日常の風景が大きく変化します。「心」が根源的変容を遂げる時です。

◆ 1971-1984年　愛や創造的活動を通して、「もう一人の自分」に出会う

圧倒的な愛情が生活全体を飲み込む時です。恋愛、子供への愛、そのほかの存在への愛が、一時的に人生の「すべて」となることもあります。この没入、陶酔、のめり込みの体験を通して、人生が大きく変化します。個人としての感情を狂おしいほど生きられる時間です。創造的な活動を通して財を築く人も。

◆ **1983-1995年 「生活」の根源的ニーズを発見する**

物理的な「身体」、身体の一部としての精神状態、現実的な「暮らし」が、根源的な変容のプロセスに入る時です。常識や社会のルール、責任や義務などへの眼差しが変化します。たとえば過酷な勤務とそこからの離脱を通して、「人生で最も大事にすべきもの」がわかる、といった経験をする人も。

◆ **1995-2008年 他者との出会いにより、人生が変わる**

一対一の人間関係において、火山の噴火のような出来事が起こる時です。人間の内側に秘められたエネルギーが他者との関わりをきっかけとして噴出し、お互いにそれをぶつけ合うような状況が生じることも。その結果、人間として見違えるような変容を遂げることになります。人生を変える出会いの時間です。

◆ **2008-2024年 他者の人生と自分の人生の結節点・融合点**

誰の人生も、自分だけの中に閉じた形で完結していません。他者の人生となんらかの形で融け合い、混じり合い、深く影響を与え合っています。時には境目が曖昧になり、ほとんど一体化することもあります。この時期はそうした「他者の人生との連結・融合」という、特別なプロセスが展開します。

◆ **2023-2044年 「外部」への出口を探し当てる**

「人間はどこから来て、どこに行くのだろう」「宇宙の果てには、何があるのだろう」「死んだ後は、どうなるのだろう」。たとえばそんな問いを、誰もが一度くらいは考えたことがあるはずです。この時期はそうした問いに、深く突っ込んでいくことになります。宗教や哲学などを通して、人生が変わる時です。

◆ **2043-2068年　人生全体を賭けられる目標を探す**

人生において最も大きな山を登る時間です。この社会において自分が持てる最大の力とはどんなものかを、徹底的に追求することになります。社会的成功への野心に、強烈に突き動かされます。「これこそが人生の成功だ」と信じられるイメージが、この時期の体験を通して根本的に変わります。

◆ **2066-2097年　友情、社会的生活の再発見**

友達や仲間との関わり、「他者」の集団に身を置くことで自分を変えたい、という強い欲求が生まれます。自分を変えてくれるものこそはこれから出会う新たな友人である、というイメージが心を支配します。この広い世界と自分とをどのように結びつけ、居場所を得るかという大問題に立ち向かえる時です。

◆ **2095-2129年　内面化された規範意識との対決**

自分の中で否定してきたこと、隠蔽してきたこと、背を向けてきたことの全てが、生活の水面上に浮かび上がる時です。たとえば何かが非常に気になったり、あるものを毛嫌いしたりする時、そこには自分の「内なるもの」がありありと映し出されています。精神の解放への扉を、そこに見いだせます。

◆ **2127-2159年　キャラクターの再構築**

「自分はこういう人間だ」「自分のキャラクターはこれだ」というイメージが根源的に変容する時期です。まず、自分でもコントロールできないような大きな衝動に突き動かされ、「自分らしくないこと」の方向に向かい、その結果、過去の自分のイメージが消え去って、新たなセルフイメージが芽生えます。

～2023年からのあなたの「冥王星時代」～
「外部」への出口を探し当てる

　2008年頃から、誰か特定の人々との深く濃い関わりの中でダイナミックな変化を遂げてきたあなたがいるはずです。人と「外側から」関わっている時には決して起こらないような人格的融合と変容を経た今、心の中に新たな価値観が根づいたのを感じているあなたがいるだろうと思います。

　2023年から、これまで他者の内面に向かっていた熱望が、「外界」へとベクトルを変えるかもしれません。より広い世界、遠い世界、多くの人がいる世界へと、強烈な関心を向けることになるのです。たとえば、長期的な旅や移動を通して、人生が「再生」するかもしれません。旅先や移住先での特異な、一度は自分を見失うような徹底的な体験を通して、「生まれ変わる」人もいるでしょう。たとえば、スランプに陥ったクリエイターの多くが「インド旅行」を試みるという話を聞いたことがあります。神話の世界には「イナンナの冥界下り」のように、異世界を通り抜けて特殊な体験を得ることで、新たな命を得て生まれ変わる、というスト

ーリーがあります。それにも似て、この時期、異界への旅を通して生きることの神髄に触れられるかもしれません。また、新しい思想に夢中になったり、宗教を信仰・改宗したり、神秘的な世界に住んだりする人もいます。こうしたある精神世界・「真理」を感じさせるような世界観への滞在が、一時的なものになるか、それともその人の人生の住処（すみか）となるのかは、出会った世界観の性質にもよるのかもしれません。この時期が終わる頃、夢から醒めたような気持ちになる人も少なくないようですが、その夢の体験を通して「世界を見る眼差し」が根本的に変化します。

　法的な力を武器として闘うことを強いられたり、社会的な活動に熱中したりする人もいます。徹底的に学び、学んだことを人に伝えなければと思うあまり、少々押しつけがましくなって友人を失う、といった体験をする人もいるようです。学歴コンプレックスなど「知」への激しいこだわりが生じる人もいます。いずれのケースも、真剣な知的活動というトンネルをくぐった先に、新しい世界への出口が待っています。「何を学ぶか」の選択はこの時期、非常に重要な人生の分岐点です。

12星座プロフィール

双子座のプロフィール
知と言葉の星座

// I think.

キャラクター

◆ 未知と知の星座

　幼い頃は、誰もが好奇心の塊^{かたまり}です。大人が「いけません」と言うものを触りたがり、口に入れたがり、怒られそうな言葉を繰り返し、禁止されている場所に入りたがります。この世界についてもっと知りたい、という純粋な欲望が、幼い子供の心には渦巻いているようです。そんな生き生きした知性そのもののような星座が、双子座です。ゆえに双子座の人々はいくつになってもフレッシュな好奇心に溢れ、未知のものに興味を持ち、すぐに「自分のもの」にしてしまいます。常に若々しい精神が見た目にも表れ、「いくつになっても若々しさを保つ」人々です。

◆ メッセンジャー

　双子座を支配する星は水星、すなわちマーキュリーです。ギリシャ神話でのヘルメス神に支配された双子座の人々は、ヘルメス同様、フットワークに優れ、人と人を結びつけるメッセンジャー的な役割を担うことも多いようです。とは

いえ、ヘルメスはただの「伝令」ではなく、必ず何かしらの使命を持っています。双子座の人々は大変働き者で、他の人には不可能なことも、その知恵の回転によって可能にしてしまいます。

◆ 洗練と破壊力、二面性の星座

　知的で、ユーモアに溢れ、ものにこだわらず、少々飽きっぽく、変化に柔軟に対応し、自由なフットワークで世界中を旅することができる双子座の人々は、とても爽やかで軽やかな印象を持たれがちです。知的でクールなスタイルで憧れられることも多いようです。

　ですが、その一方で、激しい反骨精神と荒ぶる魂の持ち主でもあります。時として、場を根本から「破壊」してしまうような、強烈なパワーを発するのです。双子座の人々の「破壊」行為は、一見無目的で、圧倒的です。普通なら「破壊のあとに建築しよう」という目的を持って破壊するところを、双子座の人々はただ「破壊のために破壊する」のです。

　とはいえ、双子座の「破壊のための破壊」は、結果的に別の美しい現象をもたらすこともあります。合理的に考えてしまえば誰も壊せなかった、いびつな、硬直的な古城を突然破壊したとき、今まで誰も見たことのなかった景色が

出現することがあるのです。

◇ **二つの存在が出会って、新しいものが生まれる**

　二つ以上のものを組み合わせる才能に恵まれています。いくつかのことを並行して進めることも得意です。いわゆる「二足のわらじ」を履くことになる傾向があります。

◇ **嵐の星座**

　双子座の二つ星、カストルとポルックスは、古来「セント・エルモの火」の別名を得て、嵐の中を航海する船乗りたちの守り神とされてきました。嵐にあっても、マストの上に「セント・エルモの火」が輝けば、嵐はすぐに治まると言われています。

　双子という現象は、多くの文化圏で「受け入れがたい、自然の神秘」と考えられ、怖れられました。嵐など、人間には制御できない自然の力と、双子という不思議な存在が結びつけられることもあったようです。

　神話や象徴の世界は両義的にできており、「嵐と関係がある」ことが、同時に「嵐から守ってくれる神」という意味に結びつきます。ゆえに双子座という星座は、「嵐」を呼び覚ます星座でもあり、鎮める星座でもあるのです。

◇ カストルとポルックス

　双子座と言えば「カストルとポルックス」。二人はレダを母とする双子ですが、ポルックスは神ゼウスの子で、カストルは人間の王の子どもでした。つまり、ポルックスは不死の神の子であり、カストルは命に限りのある人間だったわけです。カストルとポルックスは「死と生」という、正反対の運命を象徴する存在です。生がなければ死という概念は生まれず、死がなければ生も意味を持ちません。双子座が支配する「言葉」というものの構造が、その神話にはっきりと示されています。

◇「間（あわい）」の星座

　翼の生えたサンダルを履くヘルメスしかり、愛の女神の伝令キューピッド（エロース）、キリスト教における天使たちなど、天と地の間、生と俗の間を自由に行き来する存在が、神話世界には不可欠です。天と地が結ばれ、互いに語り合えないならば、私たちの心はよりどころを失います。人間世界の出来事に神々の力が加わらなければ、物語は意味をなさないのです。さらに言えば、善と悪のあわいに立つのもこの「翼を持つ存在」たちです。

　たとえばヘルメスは知恵の神であり、コミュニケーショ

ンの神であり、商売の神でもありますが、同時に「ドロボ
ウの神」でもあります（！）。善か悪のどちらかに立ってし
まえばできないことを、「翼を持つ存在」たちは担っている
のです。

　双子座の人々もそれに似て、一つのグループや価値観の
世界に「属してしまう」ことをしません。常にそれ以外の
世界にも自由に飛んでいける状態を維持し、思い立ったら
ぱっと別の場所に移動することができます。「どこにも属さ
ない」ことが、双子座の人々にとっては、とても自然なこ
となのです。

双子座の才能

　言葉やコミュニケーションに特別な才能を持つ人が多い
ようです。言葉の使い方に敏感ですし、コミュニケーショ
ンの善し悪しを見分ける眼差しも鋭いので、かえって自分
の能力を過小評価する人も少なくありません。エキスパー
トほど謙虚になるものですが、あなたは知的活動において、
特異なセンスを備えているからこそ、自分自身への点が辛
いのです。「予定調和を破る」「おかしな空気を壊す」勇気
があります。また、「特に教わらなくても自分で調べ、考え
て上達する」といった才能にも恵まれています。

牡羊座　はじまりの星座

I am.

素敵なところ

裏表がなく純粋で、自他を比較しません。明るく前向きで、正義感が強く、諍（いさか）いのあともさっぱりしています。欲しいものを欲しいと言える勇気、自己主張する勇気、誤りを認める勇気の持ち主です。

キーワード

勢い／勝負／果断／負けず嫌い／せっかち／能動的／スポーツ／ヒーロー・ヒロイン／華やかさ／アウトドア／草原／野生／丘陵／動物愛／議論好き／肯定的／帽子・頭部を飾るもの／スピード／赤

牡牛座　五感の星座

I have.

素敵なところ

感情が安定していて、態度に一貫性があります。知識や経験をたゆまずゆっくり、たくさん身につけます。穏やかでも不思議な存在感があり、周囲の人を安心させます。美意識が際立っています。

キーワード

感覚／色彩／快さ／リズム／マイペース／芸術／暢気（のんき）／贅沢／コレクション／一貫性／素直さと頑固さ／価値あるもの／美声・歌／料理／庭造り／変化を嫌う／積み重ね／エレガント／レモン色／白

双子座　知と言葉の星座

I think.

素敵なところ

イマジネーション能力が高く、言葉と物語を愛するユニークな人々です。フットワークが良く、センサーが敏感で、いくつになっても若々しく見えます。場の空気・状況を変える力を持っています。

キーワード

言葉／コミュニケーション／取引・ビジネス／相対性／比較／関連づけ／物語／比喩／移動／旅／ジャーナリズム／靴／天使・翼／小鳥／桜色／桃色／空色／文庫本／文房具／手紙

蟹 座 感情の星座　　　　　　　　　　　I feel.

素敵なところ

心優しく、共感力が強く、人の世話をするときに手間を惜しみません。行動力に富み、人にあまり相談せずに大胆なアクションを起こすことがありますが、「聞けばちゃんと応えてくれる」人々です。

キーワード

感情／変化／月／守護・保護／日常生活／行動力／共感／安心／繰り返すこと／拒否／生活力／フルーツ／アーモンド／巣穴／胸部、乳房／乳白色／銀色／真珠

 獅 子 座 意思の星座　　　　　　　　　　I will.

素敵なところ

太陽のように肯定的で、安定感があります。深い自信を持っており、側にいる人を安心させることができます。人を頷かせる力、一目置かせる力、パワー感を持っています。内面には非常に繊細な部分も。

キーワード

強さ／クールさ／肯定的／安定感／ゴールド／背中／自己表現／演技／芸術／暖炉／広場／人の集まる賑やかな場所／劇場・舞台／お城／愛／子供／緋色／パープル／緑

 乙 女 座 分析の星座　　　　　　　　　　I analyze.

素敵なところ

一見クールに見えるのですが、とても優しく世話好きな人々です。他者に対する観察眼が鋭く、シャープな批評を口にしますが、その相手の変化や成長を心から喜べる、「教育者」の顔を持っています。

キーワード

感受性の鋭さ／「気が利く」人／世話好き／働き者／デザイン／コンサバティブ／胃腸／神経質／分析／調合／変化／回復の早さ／迷いやすさ／研究家／清潔／ブルーブラック／空色／桃色

天秤座　関わりの星座

I balance.

素敵なところ

高い知性に恵まれると同時に、人に対する深い愛を抱いています。視野が広く、客観性を重視し、細やかな気遣いができます。内側には熱い情熱を秘めていて、個性的なこだわりや競争心が強い面も。

キーワード

人間関係／客観視／合理性／比較対象／美／吟味／審美眼／評価／選択／平和／交渉／結婚（いさか）／諍い／調停／パートナーシップ／契約／洗練／豪奢／黒／芥子色（からし）／深紅色／水色／薄い緑色／ベージュ

蠍 座　情熱の星座

I desire.

素敵なところ

意志が強く、感情に一貫性があり、愛情深い人々です。一度愛したものはずっと長く愛し続けることができます。信頼に足る、芯の強さを持つ人です。粘り強く努力し、不可能を可能に変えます。

キーワード

融け合う心／継承／遺伝／魅力／支配／提供／共有／非常に古い記憶／放出／流動／隠されたもの／湖沼／果樹園／庭／葡萄酒／琥珀／茶色／濃い赤／カギつきの箱／ギフト

射手座　冒険の星座

I understand.

素敵なところ

冒険心に富む、オープンマインドの人々です。自他に対してごく肯定的で、恐れを知らぬ勇気と明るさで周囲を照らし出します。自分の信じるものに向かってまっすぐに生きる強さを持っています。

キーワード

冒険／挑戦／賭け／負けず嫌い／馬や牛など大きな動物／遠い外国／語学／宗教／理想／哲学／おおらかさ／自由／普遍性／スピードの出る乗り物／船／黄色／緑色／ターコイズブルー／グレー

山羊座　実現の星座

I use.

素敵なところ

夢を現実に変えることのできる人々です。自分個人の世界だけに収まる小さな夢ではなく、世の中を変えるような、大きな夢を叶えることができる力を持っています。優しく力強く、芸術的な人です。

キーワード

城を築く／行動力／実現／責任感／守備／権力／支配者／組織／芸術／伝統／骨董品／彫刻／寺院／華やかな色彩／ゴージャス／大きな楽器／黒／焦げ茶色／薄い茜色／深緑

水瓶座　思考と自由の星座

I know.

素敵なところ

自分の頭でゼロから考えようとする、澄んだ思考の持ち主です。友情に篤く、損得抜きで人と関わろうとする、静かな情熱を秘めています。ユニークなアイデアを実行に移すときは無二の輝きを放ちます。

キーワード

自由／友情／公平・平等／時代の流れ／流行／メカニズム／合理性／ユニセックス／神秘的／宇宙／飛行機／通信技術／電気／メタリック／スカイブルー／チェック、ストライプ

魚座　透明な心の星座

I believe.

素敵なところ

人と人とを分ける境界線を、自由自在に越えていく不思議な力の持ち主です。人の心にするりと入り込み、相手を支え慰めることができます。場や世界を包み込むような大きな心を持っています。

キーワード

変容／変身／愛／海／救済／犠牲／崇高／聖なるもの／無制限／変幻自在／天衣無縫／幻想／瞑想／蠱惑／エキゾチック／ミステリアス／シースルー／黎明／白／ターコイズブルー／マリンブルー

用語解説

星の逆行

　星占いで用いる星々のうち、太陽と月以外の惑星と冥王星は、しばしば「逆行」します。これは、星が実際に軌道を逆走するのではなく、あくまで「地球からそう見える」ということです。

　たとえば同じ方向に向かう特急電車が普通電車を追い抜くとき、相手が後退しているように見えます。「星の逆行」は、この現象に似ています。地球も他の惑星と同様、太陽のまわりをぐるぐる回っています。ゆえに一方がもう一方を追い抜くとき、あるいは太陽の向こう側に回ったときに、相手が「逆走している」ように見えるのです。

　星占いの世界では、星が逆行するとき、その星の担うテーマにおいて停滞や混乱、イレギュラーなことが起こる、と解釈されることが一般的です。ただし、この「イレギュラー」は「不運・望ましくない展開」なのかというと、そうではありません。

　私たちは自分なりの推測や想像に基づいて未来の計画を立て、無意識に期待し、「次に起こること」を待ち受けます。その「待ち受けている」場所に思い通りのボールが飛んでこなかったとき、苛立ちや焦り、不安などを感じます。でも、そのこと自体が「悪いこと」かというと、決してそうではないはずです。なぜなら、人間の推測や想像には、限界があるか

116

らです。推測通りにならないことと、「不運」はまったく別の
ことです。

　星の逆行時は、私たちの推測や計画と、実際に巡ってくる
未来とが「噛み合いにくい」ときと言えます。ゆえに、現実
に起こる出来事全体が、言わば「ガイド役・導き手」となり
ます。目の前に起こる出来事に導いてもらうような形で先に
進み、いつしか、自分の想像力では辿り着けなかった場所に
「つれていってもらえる」わけです。

　水星の逆行は年に三度ほど、一回につき3週間程度で起こ
ります。金星は約1年半ごと、火星は2年に一度ほど、他の
星は毎年太陽の反対側に回る数ヵ月、それぞれ逆行します。

　たとえば水星逆行時は、以下のようなことが言われます。

◆ 失せ物が出てくる／この時期なくしたものはあとで出てくる
◆ 旧友と再会できる
◆ 交通、コミュニケーションが混乱する
◆ 予定の変更、物事の停滞、遅延、やり直しが発生する

　これらは「悪いこと」ではなく、無意識に通り過ぎてしま
った場所に忘れ物を取りに行くような、あるいは、トンネル
を通って山の向こうへ出るような動きです。掛け違えたボタ
ンを外してはめ直すようなことができる時間なのです。

ボイドタイム—月のボイド・オブ・コース

　ボイドタイムとは、正式には「月のボイド・オブ・コース」となります。実は、月以外の星にもボイドはあるのですが、月のボイドタイムは3日に一度という頻度で巡ってくるので、最も親しみやすい（？）時間と言えます。ボイドタイムの定義は「その星が今いる星座を出るまで、他の星とアスペクト（特別な角度）を結ばない時間帯」です。詳しくは占星術の教科書などをあたってみて下さい。

　月のボイドタイムには、一般に、以下のようなことが言われています。

◆ 予定していたことが起こらない／想定外のことが起こる

◆ ボイドタイムに着手したことは無効になる

◆ 期待通りの結果にならない

◆ ここでの心配事はあまり意味がない

◆ 取り越し苦労をしやすい

◆ 衝動買いをしやすい

◆ この時間に占いをしても、無効になる。意味がない

　ボイドをとても嫌う人も少なくないのですが、これらをよく見ると、「悪いことが起こる」時間ではなく、「あまりいろいろ気にしなくてもいい時間」と思えないでしょうか。

とはいえ、たとえば大事な手術や面接、会議などがこの時間帯に重なっていると「予定を変更したほうがいいかな？」という気持ちになる人もいると思います。

　この件では、占い手によっても様々に意見が分かれます。その人の人生観や世界観によって、解釈が変わり得る要素だと思います。

　以下は私の意見なのですが、大事な予定があって、そこにボイドや逆行が重なっていても、私自身はまったく気にしません。

　では、ボイドタイムは何の役に立つのでしょうか。一番役に立つのは「ボイドの終わる時間」です。ボイド終了時間は、星が星座から星座へ、ハウスからハウスへ移動する瞬間です。つまり、ここから新しい時間が始まるのです。

　たとえば、何かうまくいかないことがあったなら、「365日のカレンダー」を見て、ボイドタイムを確認します。もしボイドだったら、ボイド終了後に、物事が好転するかもしれません。待っているものが来るかもしれません。辛い待ち時間や気持ちの落ち込んだ時間は、決して「永遠」ではないのです。

　本書では月の位置している星座から、自分にとっての「ハウス」を読み取り、毎日の「月のテーマ」を紹介しています。ですが月にはもう一つの「時計」としての機能があります。それは、「満ち欠け」です。

　月は1ヵ月弱のサイクルで満ち欠けを繰り返します。夕方に月がふと目に入るのは、新月から満月へと月が膨らんでいく時間です。満月から新月へと月が欠けていく時間は、月が夜遅くから明け方でないと姿を現さなくなります。

　夕方に月が見える・膨らんでいく時間は「明るい月の時間」で、物事も発展的に成長・拡大していくと考えられています。一方、月がなかなか出てこない・欠けていく時間は「暗い月の時間」で、物事が縮小・凝縮していく時間となります。

　これらのことはもちろん、科学的な裏付けがあるわけではなく、あくまで「古くからの言い伝え」に近いものです。

　新月と満月のサイクルは「時間の死と再生のサイクル」です。このサイクルは、植物が繁茂しては枯れ、種によって子孫を残す、というイメージに重なります。「死」は本当の「死」ではなく、種や球根が一見眠っているように見える、その状態を意味します。

　そんな月の時間のイメージを、図にしてみました。

【新月】
種蒔き

芽が出る、新しいことを始める、目標を決める、新品を下ろす、髪を切る、悪癖をやめる、コスメなど、古いものを新しいものに替える

【上弦】
成長

勢い良く成長していく、物事を付け加える、増やす、広げる、決定していく、少し一本調子になりがち

【満月】
開花、
結実

達成、到達、充実、種の拡散、実を収穫する、人間関係の拡大、ロングスパンでの計画、このタイミングにゴールや〆切りを設定しておく

【下弦】
貯蔵、
配分

加工、貯蔵、未来を見越した作業、不要品の処分、故障したものの修理、古物の再利用を考える、蒔くべき種の選別、ダイエット開始、新月の直前、材木を切り出す

【新月】
次の
種蒔き

新しい始まり、仕切り直し、軌道修正、過去とは違った選択、変更

月のフェーズ

以下、月のフェーズを六つに分けて説明してみます。

● 新月　New moon

「スタート」です。時間がリセットされ、新しい時間が始まる！というイメージのタイミングです。この日を境に悩みや迷いから抜け出せる人も多いようです。とはいえ新月の当日は、気持ちが少し不安定になる、という人もいるようです。細い針のような月が姿を現す頃には、フレッシュで爽やかな気持ちになれるはずです。日食は「特別な新月」で、1年に二度ほど起こります。ロングスパンでの「始まり」のときです。

◐ 三日月〜 ◑ 上弦の月　Waxing crescent - First quarter moon

ほっそりした月が半月に向かうに従って、春の草花が生き生きと繁茂するように、物事が勢い良く成長・拡大していきます。大きく育てたいものをどんどん仕込んでいけるときです。

◑ 十三夜月〜小望月（こもちづき）　Waxing gibbous moon

少量の水より、大量の水を運ぶときのほうが慎重さを必要とします。それにも似て、この時期は物事が「完成形」に近づき、細かい目配りや粘り強さ、慎重さが必要になるようです。一歩一歩確かめながら、満月というゴールに向かいます。

◯ 満月　Full moon

新月からおよそ2週間、物事がピークに達するタイミングです。文字通り「満ちる」ときで、「満を持して」実行に移せることもあるでしょう。大事なイベントが満月の日に計画されている、ということもよくあります。意識してそうしたのでなくとも、関係者の予定を繰り合わせたところ、自然と満月前後に物事のゴールが置かれることがあるのです。

月食は「特別な満月」で、半年から1年といったロングスパンでの「到達点」です。長期的なプロセスにおける「折り返し地点」のような出来事が起こりやすいときです。

◑ 十六夜の月〜寝待月　Waning gibbous moon

樹木の苗や球根を植えたい時期です。時間をかけて育てていくようなテーマが、ここでスタートさせやすいのです。また、細くなっていく月に擬えて、ダイエットを始めるのにも良い、とも言われます。植物が種をできるだけ広くまき散らそうとするように、人間関係が広がるのもこの時期です。

◑ 下弦の月〜 ● 二十六夜月　Last quarter - Waning crescent moon

秋から冬に球根が力を蓄えるように、ここでは「成熟」がテーマとなります。物事を手の中にしっかり掌握し、力をためつつ「次」を見据えてゆっくり動くときです。いたずらに物珍しいことに踊らされない、どっしりした姿勢が似合います。

◆ 太陽星座早見表　双子座

（1930〜2025年／日本時間）

太陽が双子座に滞在する時間帯を下記の表にまとめました。
これより前は牡牛座、これより後は蟹座ということになります。

生まれた年	期間
1930	5/22　4:42　〜　6/22　12:52
1931	5/22　10:15　〜　6/22　18:27
1932	5/21　16:07　〜　6/22　0:22
1933	5/21　21:57　〜　6/22　6:11
1934	5/22　3:35　〜　6/22　11:47
1935	5/22　9:25　〜　6/22　17:37
1936	5/21　15:07　〜　6/21　23:21
1937	5/21　20:57　〜　6/22　5:11
1938	5/22　2:50　〜　6/22　11:03
1939	5/22　8:27　〜　6/22　16:38
1940	5/21　14:23　〜　6/21　22:35
1941	5/21　20:23　〜　6/22　4:32
1942	5/22　2:09　〜　6/22　10:15
1943	5/22　8:03　〜　6/22　16:11
1944	5/21　13:51　〜　6/21　22:01
1945	5/21　19:40　〜　6/22　3:51
1946	5/22　1:34　〜　6/22　9:43
1947	5/22　7:09　〜　6/22　15:18
1948	5/21　12:58　〜　6/21　21:10
1949	5/21　18:51　〜　6/22　3:02
1950	5/22　0:27　〜　6/22　8:35
1951	5/22　6:15　〜　6/22　14:24
1952	5/21　12:04　〜　6/21　20:12
1953	5/21　17:53　〜　6/22　1:59

生まれた年	期間
1954	5/21　23:47　〜　6/22　7:53
1955	5/22　5:24　〜　6/22　13:30
1956	5/21　11:13　〜　6/21　19:23
1957	5/21　17:10　〜　6/22　1:20
1958	5/21　22:51　〜　6/22　6:56
1959	5/22　4:42　〜　6/22　12:49
1960	5/21　10:34　〜　6/21　18:41
1961	5/21　16:22　〜　6/22　0:29
1962	5/21　22:17　〜　6/22　6:23
1963	5/22　3:58　〜　6/22　12:03
1964	5/21　9:50　〜　6/21　17:56
1965	5/21　15:50　〜　6/21　23:55
1966	5/21　21:32　〜　6/22　5:32
1967	5/22　3:18　〜　6/22　11:22
1968	5/21　9:06　〜　6/21　17:12
1969	5/21　14:50　〜　6/21　22:54
1970	5/21　20:37　〜　6/22　4:42
1971	5/22　2:15　〜　6/22　10:19
1972	5/21　8:00　〜　6/21　16:05
1973	5/21　13:54　〜　6/22　22:00
1974	5/21　19:36　〜　6/22　3:37
1975	5/22　1:24　〜　6/22　9:25
1976	5/21　7:21　〜　6/21　15:23
1977	5/21　13:14　〜　6/21　21:13

生まれ た年	期 間
1978	5/21　19:08　～　6/22　　3:09
1979	5/22　　0:54　～　6/22　　8:55
1980	5/21　　6:42　～　6/21　14:46
1981	5/21　12:39　～　6/21　20:44
1982	5/21　18:23　～　6/22　　2:22
1983	5/22　　0:06　～　6/22　　8:08
1984	5/21　　5:58　～　6/21　14:01
1985	5/21　11:43　～　6/21　19:43
1986	5/21　17:28　～　6/22　　1:29
1987	5/21　23:10　～　6/22　　7:10
1988	5/21　　4:57　～　6/21　12:56
1989	5/21　10:54　～　6/21　18:52
1990	5/21　16:37　～　6/22　　0:32
1991	5/21　22:20　～　6/22　　6:18
1992	5/21　　4:12　～　6/21　12:13
1993	5/21　10:02　～　6/21　17:59
1994	5/21　15:48　～　6/21　23:47
1995	5/21　21:34　～　6/22　　5:33
1996	5/21　　3:23　～　6/21　11:23
1997	5/21　　9:18　～　6/21　17:19
1998	5/21　15:05　～　6/21　23:02
1999	5/21　20:52　～　6/22　　4:48
2000	5/21　　2:49　～　6/21　10:47
2001	5/21　　8:45　～　6/21　16:38

生まれ た年	期 間
2002	5/21　14:30　～　6/21　22:24
2003	5/21　20:13　～　6/22　　4:11
2004	5/21　　2:00　～　6/21　　9:57
2005	5/21　　7:48　～　6/21　15:46
2006	5/21　13:33　～　6/21　21:26
2007	5/21　19:13　～　6/22　　3:07
2008	5/21　　1:02　～　6/21　　8:59
2009	5/21　　6:52　～　6/21　14:46
2010	5/21　12:35　～　6/21　20:29
2011	5/21　18:22　～　6/22　　2:17
2012	5/21　　0:17　～　6/21　　8:09
2013	5/21　　6:11　～　6/21　14:04
2014	5/21　12:00　～　6/21　19:51
2015	5/21　17:46　～　6/22　　1:38
2016	5/20　23:38　～　6/21　　7:34
2017	5/21　　5:32　～　6/21　13:24
2018	5/21　11:16　～　6/21　19:07
2019	5/21　17:00　～　6/22　　0:54
2020	5/20　22:50　～　6/21　　6:44
2021	5/21　　4:38　～　6/21　12:32
2022	5/21　10:23　～　6/21　18:13
2023	5/21　16:09　～　6/21　23:57
2024	5/20　22:00　～　6/21　　5:50
2025	5/21　　3:55　～　6/21　11:41

おわりに

　これを書いているのは2022年8月なのですが、日本では新型コロナウイルスが「第7波」がピークを迎え、身近にもたくさんの人が感染するのを目の当たりにしています。2020年頃から世界を覆い始めた「コロナ禍」はなかなか収束の出口が見えないまま、多くの人を飲み込み続けています。今や世の中は「コロナ」に慣れ、意識の外側に置こうとしつつあるかのようにも見えます。

　2020年は土星と木星が同時に水瓶座入りした年で、星占い的には「グレート・コンジャンクション」「ミューテーション」など、時代の節目の時間として大いに話題になりました。2023年はその土星が水瓶座を「出て行く」年です。水瓶座は「風の星座」であり、ごく広い意味では「風邪」のような病気であった（症状は命に関わる酷いもので、単なる風邪などとはとても言えませんが！）COVID-19が、ここで土星と一緒に「退場」してくれれば！と、心から願っています。

　年次版の文庫サイズ『星栞』は、本書でシリーズ4作目となりました。表紙イラストのモチーフ「スイーツ」は、

2023年5月に木星が牡牛座に入ること、金星が獅子座に長期滞在することから、選んでみました。牡牛座は「おいしいもの」と関係が深い星座で、獅子座は華やかさ、表現力の世界です。美味しくて華やかなのは「お菓子！」だと思ったのです。また、「コロナ禍」が続く中で多くの人が心身に重大な疲労を蓄積し、自分で思うよりもずっと大きな苦悩を抱えていることも意識にありました。「甘いモノが欲しくなる時は、疲れている時だ」と言われます。かつて私も、猛烈なストレスを耐えて生きていた頃、毎日スーパーでちいさなフロランタンを買い、仕事帰りに齧っていました。何の理性的根拠もない「占い」ですが、時に人の心に希望をもたらす「溺れる者の藁」となることもあります。2023年、本書が読者の方の心に、小さな甘いキャンディのように響くことがあれば、と祈っています。

星栞 2023年の星占い
双子座

2022年9月30日　第1刷発行

著者　　石井ゆかり

発行人　石原正康
発行元　株式会社 幻冬舎コミックス
　　　　〒151-0051　東京都渋谷区千駄ヶ谷4-9-7
　　　　電話 03-5411-6431（編集）
発売元　株式会社 幻冬舎
　　　　〒151-0051　東京都渋谷区千駄ヶ谷4-9-7
　　　　電話 03-5411-6222（営業）
　　　　振替 00120-8-767643

印刷・製本所：株式会社 光邦
デザイン：竹田麻衣子（Lim）
DTP：株式会社 森の印刷屋、安居大輔（Dデザイン）
STAFF：齋藤至代（幻冬舎コミックス）、
　　　　佐藤映湖・滝澤 航（オーキャン）、三森定史
装画：砂糖ゆき

©ISHII YUKARI, GENTOSHA COMICS 2022
ISBN978-4-344-85082-8 C0176　Printed in Japan
幻冬舎コミックスホームページ　https://www.gentosha-comics.net